新能源汽车驱动电机及控制技术

组　编　北京百通科信机械设备有限公司
主　编　郭化超　邸玉峰
副主编　王洪佩　顾晨逸　房伟萍
参　编　杨效军　何湘龙　任城龙　王月雷　阿不力米提江·罗克满江
主　审　高　武

机械工业出版社

本书是高职新能源汽车类专业"岗课赛证"综合育人系列教材，主要包含高压系统的安全操作、驱动电机系统的装调与测试、驱动电机系统故障检修3个项目，共计9个工作任务，每个工作任务借鉴全国职业院校技能大赛的理念和方案，将竞赛标准中所包含的真实工作过程、任务要求整合到课程资源中，优化任务实施环节，健全综合评价，实现教学闭环设计。

　　本书参照新能源汽车装调与测试职业技能等级证书要求，融入技能大赛标准，按照工作手册式教材形式打造，借助"互联网+"及信息技术，使教材内容呈现立体化、可视化、数字化，能够满足"人人皆学、处处能学、时时可学"的学习创新空间，为学习者提供"能学、助教、助训、助考"的课程资源。

　　本书可作为职业院校新能源汽车类专业的教学用书，也可作为新能源汽车装调与测试职业技能等级证书考证用书，还可作为企业技术培训资料和汽车爱好者的科普读物。

　　为方便教学，本书配有电子课件、电子教案等资源。凡选用本书作为授课教材的教师均可登录机工教育服务网（www.cmpedu.com），以教师身份注册后下载，或来电咨询，咨询电话：010-88379201。

图书在版编目（CIP）数据

新能源汽车驱动电机及控制技术 / 郭化超，邸玉峰主编. — 北京：机械工业出版社，2023.3（2024.6重印）

ISBN 978-7-111-72388-2

Ⅰ.①新… Ⅱ.①郭… ②邸… Ⅲ.①新能源 – 汽车 – 驱动机构 – 控制系统 – 高等职业教育 – 教材　Ⅳ.①U469.720.3

中国国家版本馆CIP数据核字（2023）第041142号

机械工业出版社（北京市百万庄大街22号　邮政编码100037）
策划编辑：师　哲　　　　　　责任编辑：师　哲　韩　静
责任校对：张爱妮　张　薇　　　封面设计：张　静
责任印制：李　昂
北京尚唐印刷包装有限公司印刷
2024年6月第1版第4次印刷
210mm×285mm・11.75印张・274千字
标准书号：ISBN 978-7-111-72388-2
定价：49.80元

电话服务　　　　　　　　　网络服务
客服电话：010-88361066　　机　工　官　网：www.cmpbook.com
　　　　　010-88379833　　机　工　官　博：weibo.com/cmp1952
　　　　　010-68326294　　金　书　网：www.golden-book.com
封底无防伪标均为盗版　机工教育服务网：www.cmpedu.com

前言 PREFACE

《节能与新能源汽车技术路线图 2.0》中指出：到 2035 年我国新能源汽车在汽车市场总销量占比将超 50%，新能源汽车将逐渐成为主流产品，汽车产业基本实现电动化转型。新能源汽车电驱动总成系统作为"总体技术路线图＋重点领域技术路线图""1+9"研究布局中的重要组成部分，在实现汽车技术发展的社会愿景和产业愿景上发挥着至关重要的作用。随着新能源汽车产业的发展，技能人才需求出现以下两个变化：一是需求专业拓展，由传统的机械、车辆等专业向电子、电气、计算机等方向拓展；二是产业链需求变化，由售后向售前制造过程转变。基于此方面的考量，新能源汽车产业人才的培养能力亟须紧跟产业需求，培养适应纯电驱动发展战略的汽车产业人才，以解决目前人才存量不足、后续人才队伍培养基础不牢的重大问题。同时，为贯彻落实党的二十大报告中实施科教兴国战略，强化现代建设人才支撑的重要精神，围绕培养什么人、怎样培养人、为谁培养人的教育根本问题，本教材编写中注重育人和育才相统一、学用相长、知行合一的原则，为满足高等职业院校对新能源汽车驱动电机技术知识的需求，编者在充分总结前人成果的基础上，结合目前新能源汽车发展的前沿技术，编写了本书。

本书在内容选取上注重突出职业教育类型特征，以需求为导向，在凝练"三个领域、三大典型能力、十大核心任务"基础上，以面向双重领域、双重方向重构教学内容体系，根据"项目引领，任务驱动"的方法提炼典型工作任务，每个工作任务借鉴全国职业院校技能大赛的理念和方案，将竞赛标准中所包含的真实工作过程、任务要求整合到课程资源中，优化任务实施环节，健全综合评价，实现教学闭环设计。本书遵循教育规律和人才成长规律，以 Bloom 认知模型特征为基础，按照生产实际和岗位需求设计开发模块化、系统化的工作手册，实现课程目标与教学目标一致；认知层次由易到难，逐层深入；任务设计循序渐进，环环相扣，推动从低阶思维向高阶思维的有序发展。

本书由山东交通职业学院、菏泽职业学院、湖南石油化工职业技术学院、宁波市职业技术教育中心学校等院校的骨干教师以及北京百通科信机械设备有限公司、吉利汽车研究院等行业、企业的专家共同编写。郭化超、邸玉峰任主编，王洪佩、顾晨逸、房伟萍任副主编，杨效军、何湘龙、任城龙、王月雷、阿不力米提江·罗克满江参加编写。本书由高武主审。本书内容对接新能源汽车企业职业岗位标准、融合汽车领域职业技能等级证书制度和国家职业技能大赛标准，引入典型生产案例，按照基础、巩固、运用、拓展打造系统性的知识体系架构，形成行业企业深度参与、校企双元开发建设、"岗课赛证"深度融合的教材。

本书在编写过程中参阅了大量国内外公开出版的图书和发表的文献资料，得到了山东交通职业学院王福忠教授、吉利汽车研究院孙全总工的大力支持，在此一并表示感谢。

由于编者水平和经验所限，书中难免存在不足及疏漏之处，敬请读者批评指正。

编　者

二维码索引

名称	二维码	页码	名称	二维码	页码
绝缘检测		11	驱动电机不同速度的测量		69
前期准备		18	驱动电机不同相位的测量		69
高压互锁布局		31	转子位置传感器相位对比测量		69
交流异步电机		42	转子位置传感器手动旋转测量		69
感应电流的产生		56	旋转变压器工作原理		76
感应电流的方向		56	旋转变压器装配与测试		77
更换驱动电机（吉利车型）		61	驱动电机制动能量回收		83
更换驱动电机（北汽车型）		61	单相整流电路		83
更换驱动电机（比亚迪车型）		61	三相整流电路的测量		83
驱动电机不同档位的测量		69	直流斩波电路的测量		84

V

(续)

名称	二维码	页码	名称	二维码	页码
定子装配与测试		87	DC/DC 降压电路		101
转子装配与测试		90	逆变电路的测量		105
定子转子合装与测试		92	AC/AC 变压电路		124
装调测试		94	乱序故障测量		125

目 录 CONTENTS

前言
二维码索引

项目一 高压系统的安全操作 ··········1

任务一 电气危害及防护 ··········1
工作手册1.1 高压安全防护 ··········17
任务二 高压作业安全规定 ··········22
工作手册1.2 高压系统及安全策略实车认知 ··········33

项目二 驱动电机系统的装调与测试 ··········39

任务一 新能源汽车驱动电机类型 ··········39
工作手册2.1 驱动电机的更换 ··········55
任务二 电机的状态监控 ··········67
工作手册2.2 旋转变压器装配与测试 ··········73
任务三 能量回馈制动 ··········82
工作手册2.3 驱动系统生产装配与质量检测 ··········84
任务四 电机控制器装调与测试 ··········100
【案例】电机控制器充电唤醒故障 ··········109
工作手册2.4 电机控制器整车装配与质量检测 ··········110

项目三 驱动电机系统故障检修 ··········121

任务一 驱动控制系统的故障诊断 ··········121

【案例1】 驱动电机位置传感器故障 ················ 125
【案例2】 电机控制器供电故障 ························· 129
【案例3】 电机控制器PCAN总线通信故障 ········ 132
【案例4】 高压互锁断路故障 ···························· 134
工作手册3.1 驱动系统数据采集与分析 ············· 138
任务二 驱动电机的故障检修 ···························· 146
【案例1】 驱动电机三相线束故障 ····················· 147
【案例2】 驱动电机的异响检测 ························ 149
工作手册3.2 驱动系统电路测量 ······················· 151
任务三 电机冷却系统的故障 ···························· 158
【案例1】 驱动电机温度传感器故障 ················· 165
【案例2】 冷却水泵故障 ································· 168
工作手册3.3 冷却异常故障 ······························ 171

附录 吉利帝豪EV450仪表指示灯信息 ·· 177

参考文献 ··· 179

项目一
高压系统的安全操作

任务一　电气危害及防护

【任务描述】

党的十八大以来，以习近平同志为核心的党中央高度重视生产安全，把安全生产作为民生大事。王磊是一名刚刚从事新能源汽车维修作业的学徒工，技师刘奇向王磊介绍了高压电气危害、如何辨识高压部件以及车辆固有安全防护措施。今天上午车间新接收了一辆吉利EV450事故车，刘奇委派王磊对车辆高压部件及其线束的外观进行初步检查，并对高压部件和线束破损情况进行详细记录。

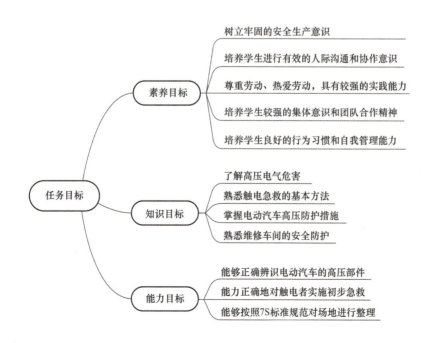

【知识储备】

一、电气危害

1. 电压等级

为防止车内和车外人员触电，国家标准《电动汽车安全要求》（GB 18384—2020）针对电动汽车电力驱动系统和传导连接的辅助系统的工作电压，根据对人体产生的伤害和危险程度不同，将其分为两个等级，见表1-1。

表1-1 电压等级

电压等级	最大工作电压 U/V	
	直流	交流（有效值）
A	$0<U\leq 60$	$0<U\leq 30$
B	$60<U\leq 1500$	$30<U\leq 1000$

（1）A级　A级是较为安全的电压等级，在该电压下进行车辆维护作业时不需要采取特殊的防电保护。

（2）B级　B级是对人体能够产生伤害的电压等级。在该电压下进行车辆维护作业时必须采取必要的防护设备，防止维护作业人员触电。

在电动汽车中，低压系统通常是指12V的辅助电源系统及电气电路，而高压系统主要是指动力蓄电池及相关电路。

2. 安全电流

人体触电是指人体接触到带电体后，会通过人体形成回路并产生电流，当流过人体的电流达到一定值以后，就会对人体造成伤害。人体对不同电流值的伤害反应如图1-1所示。在电流值相等的情况下，交流电流比直流电流伤害大，这是因为交流电流能够触发肌肉和心脏颤动。其中，频率为40~60Hz时，交流电压的危险性最大。

（1）感知电流　人体能够感觉到的最小电流值，感知电流交流大约为1mA。

（2）摆脱电流　触电后能自己摆脱的最大电流，摆脱电流交流大约为10mA。

（3）致命电流　在较短的时间内危及生命的电流，致命电流大约为50mA。

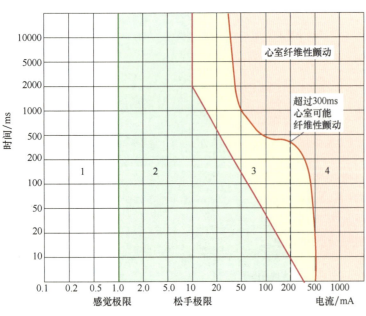

图1-1　人体对不同电流值的伤害反应

1—作用无感觉　2—作用有感觉，直至肌肉收缩
3—肌肉收缩，呼吸困难　4—心室颤动，呼吸停止，心脏停止跳动

3. 人体电阻

人体电阻通常是人体的皮肤电阻，一般在100kΩ~10MΩ之间，在皮肤潮湿或破损

时，电阻值会明显下降。在接触高压电的情况下，人体电阻会变得很小，通常为 1kΩ 左右，如图 1-2 所示，其原因是高压电击穿了人体皮肤后加速了血液的电解，提高了人体导电能力，特别是有主动脉的胸腔部位和躯干部位电阻更小，而最大的危险发生在电流通过心脏时刺激心脏产生的异常震颤。

4. 触电方式

人体触电方式有单线触电、两线触电、跨步电压触电等。

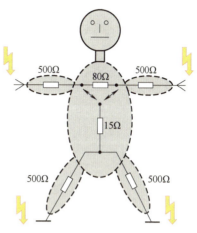

图 1-2 人体等效电阻

（1）单线触电 单线触电是人体某一部分接触到三相交流电的相线（俗称火线）或接触到漏电的电气设备，电流经人体流入大地造成触电，如图 1-3a 所示。当电气设备内部绝缘保护层损坏或绝缘性能下降时，可能会导致电气设备外壳带电。当人体触及带电设备外壳时，就可能会导致单线触电，大多数触电事故属于这一种。

（2）两线触电 两线触电是指人体不同部位同时接触到两根不同的相线或者同时接触到相线与中性线而导致的触电。人体同时接触电气设备的两个不同相的带电部位时，电流将会从一根相线经过人体流向另一根相线，形成闭合回路。人体承受的线电压（相间电压）将比单线触电时更高，危险性更大，如图 1-3b 所示。

（3）跨步电压触电 跨步电压触电是指高压电网相线断落，有电流流入大地时，电流在相线落地点周围的土壤中产生电势分布，当人进入这一区域时会在两脚之间形成电势差，造成触电，如图 1-3c 所示。如果误入该区域，应双脚并拢或单脚跳出危险区。

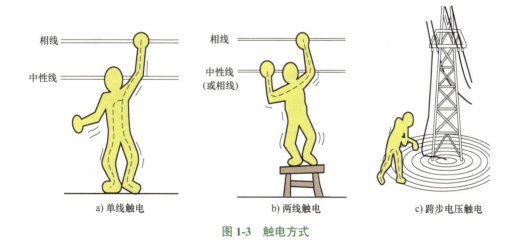

图 1-3 触电方式

5. 电动汽车高压电常见触电方式

为保障电动汽车使用和维护作业时的人身安全，电动汽车在设计制造时，将高电压系统独立形成回路并与车身绝缘隔离；同时，高压部件的外壳通过电缆与车身连接，使各高压部件外壳之间形成等电位。这样，当一个高压部件正极对外壳短路、另一个高压部件负极对外壳短路时，人的双手同时接触这两个高压部件外壳时不会产生触电，原因就是人体上没有电位差，不会产生电流，如图 1-4 所示。

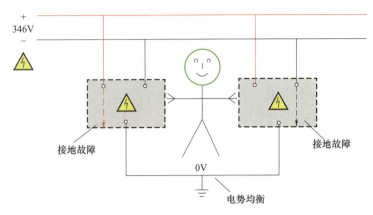

图 1-4 非触电情况

如果电动汽车高压部件的等电位线缆连接出现故障,那么当一个高压部件正极对地短路、另一个高压部件负极对地短路时人体就会发生触电事故,如图 1-5 所示。

6. 触电的伤害形式

电流对人体的伤害有 3 种形式:电击、电伤和电磁场伤害。

(1) 电击 电击是指电流通过人体,破坏人的心脏、肺及神经系统的正常功能,如图 1-6 所示。电流经过胸腔时,肺会产生痉挛(呼吸停止),心脏的跳动节奏会被中断(心室纤维性颤动,无法进行心脏的收缩扩张运动)。所以,从手到脚的电流途径最为危险,因为沿该条途径有较多的电流通过心脏、肺等重要器官;其次是从一只手到另一只手的电流途径。

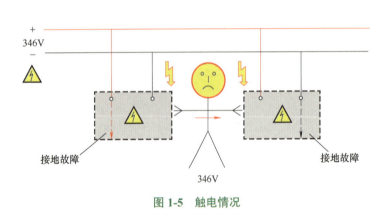

图 1-5 触电情况

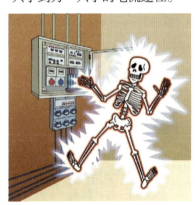

图 1-6 电击事故

(2) 电伤 电伤包括电流的热效应、化学效应和肌肉刺激效应对人体的伤害。热效应是指电流导入、导出点处发生的烧伤和焦化以及人体内部发生的烧伤,也包括电弧烧伤、熔化金属溅出烫伤等,如图 1-7 所示。

化学效应是指血液和细胞液被电解,由此发生严重的中毒。中毒情况往往在触电几天后才能被发现,因此伤害性极大。

肌肉刺激效应是发生电击事故时,如果通过人体的电流过高,则肌肉开始抽搐,大脑无法控制肌肉组织,握紧的拳头无法打开或者移动,由此导致肢体不受控制和失去平衡而造成摔伤、坠落等伤害。

(3) 电磁场伤害 电磁场伤害是指在高频磁场的作用下,人会出现头晕、乏力、记忆力减退、失眠、多梦等神经系统的伤害症状。

7. 电击事故的其他伤害

若电流未流过人体，则可能造成以下伤害：

(1) 发生静态短路的热效应　工具急剧发热，会导致材料熔化，从而可能发生烧伤事故。

(2) 短路引起的火花　金属快速熔化产生火花，飞溅出来的金属颗粒温度会超过5000℃，可能引起烧伤或灼伤眼睛事故。

(3) 电弧　带电高压电路短路所产生的电弧，如图1-8所示。光辐射可能造成电光性眼炎。

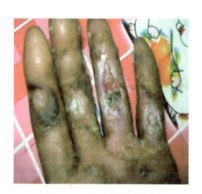

图1-7　电流的热效应

图1-8　高压电短路产生的弧光

二、触电急救

1. 脱离电源

人体触电以后，可能由于痉挛或失去知觉等原因，导致触电者不能自己摆脱电源。抢救触电者的首要步骤是使用绝缘救援钩或者其他不导电的物体（如木棒、拖把杆等）使触电者尽快脱离电源，如图1-9所示，或者立即将电气系统断电。援救触电事故中受伤人员时，救援人员自身的安全是第一位的，绝对不要用手直接去触碰正在触电的人员。

图1-9　用绝缘木棒移开带电导线

2. 触电急救方法

当触电者脱离电源后，应立即拨打120急救电话，在专业救援人员到来之前，应根据触电者的具体情况迅速采取救护措施。主要采用的方法有口对口人工呼吸法和胸外心脏按压法。触电者一般有以下4种症状，可分别给予正确的对症救治。

(1) 神志尚清醒但心慌力乏且四肢麻木　对该类触电者一般只需将其扶到清凉、通风之处休息，让其自然慢慢恢复，但要派专人照料护理，因为有的触电者在几小时后会发生病变而突然死亡。

(2) 有心跳但呼吸停止或极微弱　对该类触电者应该采用口对口人工呼吸法进行急

救,频率是约 12 次 /min。

（3）有呼吸但心跳停止或极微弱　对该类触电者应该采用胸外心脏按压法来恢复触电者的心跳,频率是 100~120 次 /min。

（4）心跳和呼吸均已停止　该类触电者的危险性最大,抢救的难度也最大。应该把以上两法同时使用,即采用心肺复苏的方法,胸外心脏按压法和人工呼吸法的比例是 30∶2,即胸外按压 30 次,人工呼吸 2 次,循环往复。

3. 胸外心脏按压法

（1）体位　使触电者仰卧在硬质平面上,保证在按压胸骨时触电者不会移动。

（2）按压位置　按压胸骨正中、两乳连线中间处,如图 1-10 所示。

（3）按压方法　按压时施救者上半身前倾,双肩正对触电者胸骨上方,一只手的掌跟放在触电者胸骨正中,然后两手重叠,手指离开胸壁,双臂绷直,以髋关节为轴,借助上半身的重力垂直向下按压,如图 1-11 所示。每次抬起时,掌根不要离开胸壁,并随时注意有无肋骨或胸骨骨折。

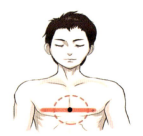

图 1-10　胸外按压位置

（4）按压频率　100~120 次 /min。

（5）按压深度　成人 5~6cm 或胸廓前后径的 1/3,压下与松开的时间基本相等,压下后应让胸廓充分回弹。

4. 人工呼吸

（1）清除口腔异物　做人工呼吸时,首先应去除触电者口腔内的异物。清除触电者口腔中的异物和呕吐物时,应将触电者的头歪向一侧,施救者一手按压开下颌,另一手用食指将固体异物勾出,或用指套或手指缠上纱布清除口腔中的液体分泌物,如图 1-12 所示。

图 1-11　按压方法

（2）开放气道　施救者用一只手按压触电者的前额,使其头部后仰,同时另一只手的食指及中指置于触电者下颌骨前端位置向上抬颌,使触电者下颌尖、耳垂连线与地面垂直,如图 1-13 所示。

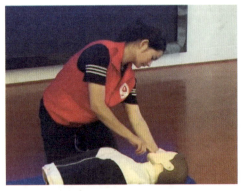

图 1-12　清除口腔异物

图 1-13　开放气道

（3）进行人工呼吸 在保持触电者呼吸道畅通和口部张开的情况下对其进行人工呼吸。施救者拇指与食指捏闭触电者的鼻孔，深吸一口气后，张开口贴紧触电者的嘴（要把触电者的口部完全包住），用力向触电者口内吹气（吹气要求快而深），直至触电者胸部明显上抬，如图 1-14 所示。一次吹气完毕后，施救者应立即将口部与触电者口部脱离，吸入新鲜空气，以便做下一次人工呼吸。同时放松捏鼻的手，以便触电者从鼻孔呼气。此时触电者胸部向下塌陷，有气流从口、鼻排出。施救者每次吸入气量应为 500~1000ml。

5. 自动体外除颤器（AED）

（1）认识 AED 自动体外除颤器（AED）又称自动体外电击器、自动电击器、自动除颤器、心脏除颤器及傻瓜电击器等，是一种便携式的医疗设备，如图 1-15 所示。它可独立提供伤者的心电图（ECG）创建、评估，并在适当情况下进行除颤，是一种适合非专业人员使用的抢救心脏骤停患者的医疗设备。

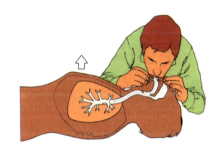

图 1-14 人工呼吸

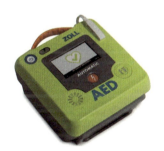

图 1-15 AED

（2）AED 的使用

1）开启 AED，打开 AED 的盖子，按下电源键，根据提示进行操作。

2）贴电极。如图 1-16 所示，在触电者胸部适当的位置上紧密地贴上电极。通常，两块电极板分别贴在右胸上部和左侧乳头外侧，具体位置可以参考 AED 机壳上的图样和电极板上的图片说明。

3）将电极板插头插入 AED 主机插孔。

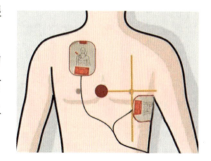

图 1-16 给触电者贴电极

4）开始分析心律，在必要时除颤。按下"分析"键（有些型号在插入电极板后会发出语音提示，并自动开始分析心率，在此过程中请不要接触触电者，即使是轻微的触动都有可能影响 AED 的分析结果），AED 开始分析心率。分析完毕后，AED 会发出是否进行除颤的建议。

5）除颤。当有除颤指示时，不要与触电者接触，同时告诉附近的其他人远离触电者，由施救者按下"放电"键除颤。

除颤结束后，AED 会再次分析心律。如果触电者未恢复有效灌注心律，施救者应进行 5 个周期的心肺复苏（CPR），然后再次分析心律、除颤、进行 CPR，反复至急救人员到来。

援救电气事故中受伤人员时，应谨记：

☑ 你自身的安全是第一位的。

☑ 绝对不要用手直接去触碰仍然与电压有接触的人员。

☑ 应立即将电气系统断电（关闭起动开关或者拔出维修开关）。

☑ 用不导电的物体（木板、扫帚把等）把触电者或者导电体与电压分离。

（3）AED 的使用注意事项

1）AED 可以瞬间输出 200J 的能量，施救者应在按下通电按钮后立刻远离触电者，并告诫其他人不得接触、靠近触电者。

2）触电者胸部有水分（如汗水）时需要先将水分擦掉，因为水会降低 AED 的功效。

3）如果在使用 AED 后触电者没有任何生命特征（没有呼吸和心跳），需要马上将其送往医院救治。

三、本质安全防护措施

1. 高压部件识别

（1）高压警示标识　每个电动汽车的高压部件壳体上都会标识一个安全警示符号，售后服务人员或每位车主均可通过标识直观地看出高压可能带来的危险。在进行电动汽车作业前，要进行场地及其他安全警示设置。高压警示标识如图 1-17 所示。

（2）高压电缆　高压电缆可能有几米长，只在一处或两处通过警示标识标记的意义不大，维修人员可能会忽视这些标识。因此，通常使用橙色警示色标记高压电缆，高压电缆插头也采用橙色。电动汽车上使用的高压电缆分为单线制和双线制两种，且带有屏蔽层和绝

图 1-17　高压警示标识

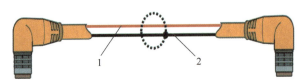

图 1-18　单线制高压电缆

1—电缆线芯　2—屏蔽层

缘层。屏蔽层在接插头处与车身搭铁，用于降低自身电磁辐射对电动汽车上其他电气系统的电磁干扰（EMI），同时避免受到其他电气系统干扰，提高整车电气系统的电磁兼容（EMC）。绝缘层用于防止高压电缆漏电，提高车辆使用安全性。单线制高压电缆如图 1-18 所示，双线制高压电缆如图 1-19 所示。

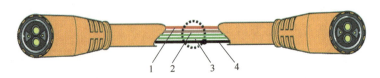

图 1-19　双线制高压电缆

1—电缆正极　2—电缆负极　3—控制信号线　4—屏蔽层

吉利帝豪 EV450 电动汽车上，高压电缆包括电机控制器连接驱动电机的三相交流电缆、连接车载充电机（OBC）的高压直流电缆、车载充电机连接动力蓄电池的高压直流

电缆、快充端口连接车载充电机的高压直流电缆、慢充接口连接车载充电机的高压交流电缆、车载充电机连接空调压缩机和PTC加热器本体的电缆等，上述电缆采用的均是单线制，如图1-20所示。

a) 电机控制器高压直流电缆　　　b) 驱动电机高压交流电缆

图1-20　吉利帝豪EV450单线制高压电缆

2. 电气隔离与固有安全措施

（1）电气隔离　电动汽车的DC/DC变换器是一种功率变换器，它将动力蓄电池的高压直流电压转换为低压直流电压，实现电气系统的电压变换，用于为12V辅助蓄电池充电，给车灯、整车控制器（VCU）、低压电器等车辆附属设备提供电力。为了防止高压电进入低压电气系统，DC/DC变换器中的高压电与低压电之间采用变压器耦合，且高压系统采用正/负极独立回路，实现与车身、低压电气系统的隔离。电气隔离如图1-21所示。

（2）电位均衡　老化、温度升高、破损等原因会导致高压部件、高压电缆的绝缘性能下降，产生漏电和触电事故。因此，所有高压部件的外壳通过车身或导线连接为同等电位，可有效地避免因漏电产生的触电事故。电位均衡设计如图1-22所示。

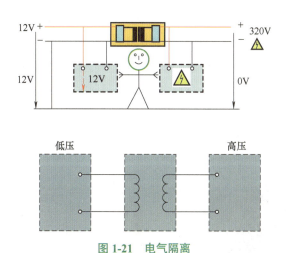

图1-21　电气隔离

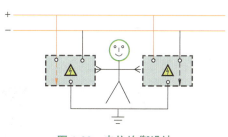

图1-22　电位均衡设计

如果高压部件之间没有等电位线，当一个高压部件正极对地出现漏电，而另一个高压部件负极对地绝缘性能下降时，那么在图1-23所示的这种情况下，人体就会发生触电事故。

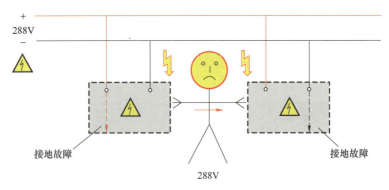

图 1-23 触电情况

（3）**接地保护** 采用交流充电桩或随车便携式充电器为电动汽车充电时，交流充电桩应该具有良好的接地，保证供电电网保护地线与车载充电机 PE 线有良好连接，防止因漏电而导致触电，如图 1-24 所示。

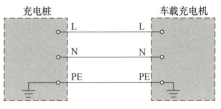

图 1-24 接地保护

（4）**继动控制** 连接动力蓄电池正 / 负极的高压母线 +、高压母线 - 上分别设计有主正接触器、主负接触器，通过采用低电压实现对高电压的控制。当电动汽车出现动力系统故障时，整车控制器（VCU）向蓄电池管理系统（BMS）发出下高压电指令，主正接触器和主负接触器在蓄电池管理系统控制下执行触点断开，实现下高压电操作。

同时，在高压母线 + 上设计了由预充电阻、预充接触器构成的预充电路，车辆上高压电时执行主负接触器闭合—预充接触器闭合—主正接触器闭合—预充接触器断开的操作程序，有效地消除了上高压电对动力蓄电池带来的大电流冲击。继动控制电路如图 1-25 所示。

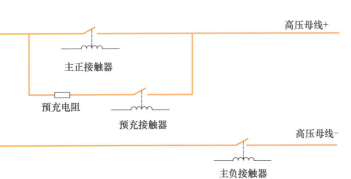

图 1-25 继动控制电路

（5）**分断装置** 分断装置为机械式维修开关，一般位于动力蓄电池箱内部，它把动力蓄电池分为两部分。当维修人员打开动力蓄电池箱进行相关部件的维护、拆装、检测等作业时，必须断开维修开关，使动力蓄电池无法形成回路，提高作业安全性。分断装置电路及维修开关如图 1-26 所示。

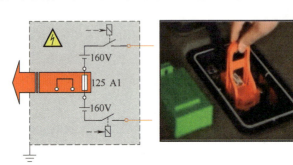 

图 1-26 分断装置电路及维修开关

（6）绝缘监测　由于电动汽车的高压电气系统独立形成回路，属于不搭铁的电气系统，常采用对地电压漏电监测装置检测动力蓄电池正/负极母线对车身搭铁的电压及绝缘电阻，来判断是否存在绝缘故障。如果控制系统检测到高压电气系统存在绝缘故障，执行报警和下高压电操作。绝缘监测及保护如图1-27所示。

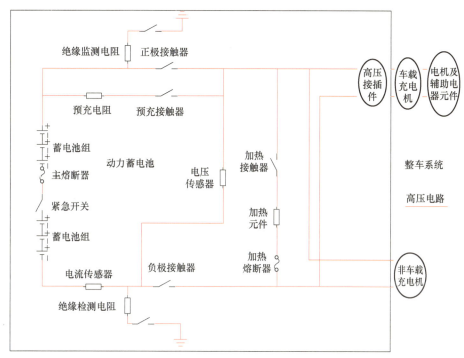

图1-27　绝缘监测及保护

扫一扫

绝缘检测

（7）高压互锁　高压互锁采用低压电路实现监测和控制高压回路的通断，从而监测高压接插头的安装情况。高压互锁包含在高压接插头内部，如图1-28所示。通过低压端子和高压端子的长度差异，可实现连接时先接通高压端子再接通

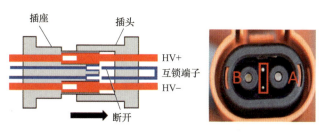

图1-28　高压互锁结构

低压端子，断开时先断开低压端子再断开高压端子。当整车控制器（VCU）监测到低压端子断开时，执行下高压电操作。

吉利帝豪EV450的每个高压接插头及高压部件的盒盖开关上均设计有高压互锁端子。一般一至几个高压接插头或高压部件盒盖共用一条高压互锁回路，整车上存在多条高压互锁回路。吉利帝豪EV450电动汽车中的一条高压互锁回路如图1-29所示，整车控制器（VCU）发出的12V矩形脉冲经过电机控制器（MCU）、空调压缩机、PTC加热器3个高压部件接插头中的低压互锁端子回到整车控制器（VCU）。如果各高压部件连接正常，VCU能够检测到反馈回来的12V矩形脉冲；如果检测不到反馈回来的矩形脉冲，则判定有高压接插头出现松动。出现高压互锁故障时，系统执行下高压电操作。

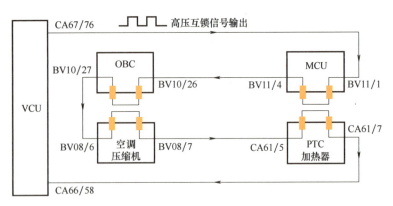

图 1-29 吉利帝豪 EV450 高压互锁回路

四、高压防护装备

1. 高压绝缘手套的选用

在电动汽车维修过程中必须穿戴好绝缘手套等个人防护用具,既是职业化形象的具体体现,也是安全生产的具体要求。绝缘手套是起电气绝缘作用的一种绝缘手套,如图 1-30 所示,区别于一般的劳保用安全防护手套。绝缘手套要求具有良好的电气性能(至少应该能防 1000V 的高压)、较高的机械性能及良好的耐老化和耐热性能。

(1)**绝缘手套标记** 根据相关规定,绝缘手套的每只手套上必须有明显且持久的标记,如图 1-31 所示,内容包括标记符号、使用电压等级/类别、制造单位或商标、规格型号、周期试验日期栏、检验合格印章、贴有经试验单位定期试验的合格证等信息。

图 1-30 绝缘手套

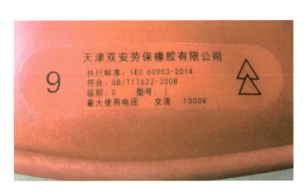

图 1-31 绝缘手套标记

(2)**绝缘手套等级** 国家标准《带电作业用绝缘手套》(GB/T 17622—2008)中,根据工作电压的不同,绝缘手套可分为多个级别,见表 1-2。在进行电动汽车维修作业时,选用级别为 0 的绝缘手套即可满足需求。

(3)**绝缘手套的使用要求** 在使用绝缘手套时,应按国家标准《电力安全工作规程 发电厂和变电站电气部分》(GB 26860—2011)中的有关规定进行试验。绝缘手套的试验每半年检查 1 次,试验电压(交流)高压绝缘手套是 8kV,泄漏电流不大于 9mA;试验电压低压绝缘手套是 2.5kV,泄漏电流不大于 2.5mA。如果不符合要求,应立即停止使用。

1)外观检查。使用前,应该检查绝缘手套是否破损,如发黏、裂纹、破口(漏气)、气泡、发脆等,如果发现绝缘手套出现破损,禁止使用。

表 1-2 绝缘手套电压标准

级别	交流试验						直流试验	
	验证试验电压 /kV	最低耐受电压 /kV	验证电压下泄漏电流 /mA				验证试验电压 /kV	最低耐受电压 /kV
			手套长度 /mm					
			280	360	410	460		
0	5	10	12	14	16	18	10	20
1	10	20	N/a	16	18	20	20	40
2	20	30	N/a	18	20	22	30	60
3	30	40	N/a	20	22	24	40	70
4	40	50	N/a	N/a	N/a	N/a	60	90

注：N/a 表示无适用值。

2）气密性检查。佩戴前，要对绝缘手套进行气密性检查，具体方法：将手套从口部向上卷，稍用力将空气压至手掌及指头部分，检查有无漏气，如图 1-32 所示。如果出现漏气，则停止使用。

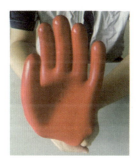

图 1-32 气密性检查

3）存放。使用后应存放在干燥处，不得接触油类及腐蚀性物品等。

4）使用。进行设备验电、放电操作、装拆高压线束等工作时应戴绝缘手套；使用绝缘手套时，应将上衣袖口套入手套筒口内；使用时，应防止尖锐物体刺破手套。

2. 其他防护装备的选用

（1）护目镜 在电动汽车维修工作中，高压部件相互接触时会发出电弧光，产生的电弧光温度高、亮度大，因而会对眼睛造成伤害。戴护目镜是防止电弧及其产生的高温飞溅物对眼睛造成伤害的一种防护措施。护目镜如图 1-33 所示。

图 1-33 护目镜

> 佩戴护目镜的注意事项：
> 1）选择护目镜时，应根据脸型判断选用的规格大小。
> 2）护目镜应有可调节头带，进而调整与面部的合适程度。
> 3）护目镜要选用经产品检验机构检验合格的产品。
> 4）镜片磨损粗糙、镜架损坏会影响操作人员的视力，应及时调换。
> 5）护目镜要专人使用，防止传染眼疾。
> 6）焊接护目镜的滤光片和保护片要按规定作业需要选用和更换。
> 7）防止重摔重压，防止坚硬的物体摩擦镜片和面罩。
> 8）佩戴护目镜时可以佩戴其他眼镜。

（2）安全帽 安全帽如图 1-34 所示，作为一种头部防护用品，它能有效地防止和减轻操作人员在生产作业中遭受坠落物体或自己坠落时对头部造成的伤害。尤其是在车下作业时，更要认真戴好安全帽，因为安全帽不但可以防碰撞，而且能起到绝缘作用。作业人员在现场作业时，不得将安全帽脱下搁置一旁或当坐垫使用。

新领的安全帽，首先检查是否有产品合格证及其规格参数，是否破损、薄厚不均，缓冲层及调整带和内弹性带是否齐全有效。如果不符合规定要求，应立即调换。严禁使用只有下颌带与帽壳连接的安全帽，也就是帽内无缓冲层的安全帽。

图 1-34　安全帽

安全帽在使用过程中要定期检查，查看是否有龟裂、下凹、裂痕和磨损等情况，发现异常现象要立即更换，不得继续使用。受过重击、有裂痕的安全帽，不论有无损坏现象，均应报废。

（3）安全鞋、绝缘垫　安全鞋（绝缘鞋）、绝缘垫的作用是使人体与地面绝缘，防止电流通过人体与大地之间构成通路，对人体造成电击伤害，把触电时的危险降低到最低程度。它还能防止试验电压范围内的跨步电压对人体的危害。进行电气作业时，不仅要戴绝缘手套，还要穿绝缘鞋。安全鞋、绝缘垫如图 1-35 所示。

图 1-35　安全鞋、绝缘垫

温馨提示

绝缘鞋使用及注意事项

- ☑ 绝缘鞋适宜在交流 50Hz/1000V 以下或直流 1500V 以下的电力设备上工作时，作为辅助安全用具和劳动防护用品。
- ☑ 放置时注意勿受潮，受潮后严禁使用，一旦受潮要放在通风、透气、阴凉处自然风干，以免绝缘鞋变形受损。
- ☑ 注意绝缘鞋的皮面保养，勤擦鞋油。
- ☑ 绝缘鞋不宜在雨天穿，更不宜水洗，否则容易发生断线、脱胶、脱色、泛盐霜等现象。
- ☑ 彩色绝缘鞋应避免碰到污水、污物、茶渍、可乐等，否则将留下污渍，使绝缘鞋原色受损
- ☑ 绝缘鞋穿着后出现轻微褶皱、轻微变形等现象属于正常现象。
- ☑ 绝缘鞋存放时应保持整洁、干燥并上好鞋油，自然平放。

（4）绝缘防护服及绝缘工具　维修电动汽车高压系统或者拆除及安装高压部件时，必须穿绝缘防护服及使用绝缘工具进行操作。绝缘防护服可防护 10000V 以下电压，阻燃、耐热、耐压、耐老化，如图 1-36a 所示。绝缘防护服要求下摆、袖口、裤腿等可以扣起来，从而有效地降低衣服卡入车辆缝隙中的概率，提高作业的安全性。

（5）隔离带与警示牌　车间工作现场环境应符合标准，用隔离带进行隔离、放置警示牌，如图 1-37 所示，作业区域应铺设绝缘地垫。

项目一 高压系统的安全操作

型号：
规格：
款式：分体式
用途：用于带电作业时的身体防护
材质：锦纶涂覆织物材料
特性：阻燃、绝缘性能、可防5kV、10kV、20kV的高压电

a) 绝缘防护服

b) 绝缘工具

图 1-36 绝缘防护服及绝缘工具

五、维修车间安全防护

电动汽车维修车间的场地与设施比普通汽车维修车间的要求要高。

1. 高压车间场地与设施要求

（1）使用面积 高压维修车间的面积应根据实际要求确定，并符合国家相关规定。

（2）采光 明亮的车间可以让车辆维护人员更加清楚地观察到周围的部件及物体，避免因为视线

图 1-37 隔离带与警示牌

不好意外触碰到高压电路而发生事故，同时能够有利于其他人员及时观察到可能存在的隐患。维修车间的采光应符合《建筑采光设计标准》（GB 50033—2013）的有关规定。采光设计应注意光的方向性，应避免对工作产生遮挡和不利的阴影。对于需要识别颜色的场所，应采用不改变自然光光色的采光材料。

（3）照明 当天然光线不足时，应配置人工照明，人工照明光源应选择接近天然光色温的光源。维修车间的照明要求应符合《建筑照明设计标准》（GB 50034—2013）的有关规定。进行精细操作（如划线、金属精加工、间隙调整等）工作台、仪器、设备等的工作区域的照度不应低于500lx。照度不足时，应增加局部补充照明，补充照明不应产生有害眩光。

（4）干燥 保持干燥是为了降低维护区域人员的触电风险。因为当湿度增大时，人体和空气的绝缘电阻就会增大，那么在相同的电压下，人体触电的风险就增加了，因此高压车间必须保持干燥。

（5）通风 良好的通风有利于将维护车辆期间产生的有害物排出，在发生触电事故的情况下，通风的环境有利于伤者呼吸到更多的氧气。

（6）防火 防火应符合《建筑设计防火规范》（GB 50016—2014）有关厂房、仓库防

火的规定以及《汽车库、停车库、停车场设计防火规范》(GB 50067—2014)的有关规定。

(7) 卫生　卫生应符合《工业企业设计卫生标准》(GBZ 1—2010)及《生产过程安全卫生要求总则》(GB/T 12801—2008)的有关要求。

(8) 安全标志　安全标志应符合《安全标志及其使用导则》(GB 2894—2008)及《安全色》(GB 2893—2008)的有关要求。此外,作为高电压车辆的维护,对于维护工位很多厂商有特别的要求,如比亚迪汽车要求维修其新能源汽车必须具有单独的维修工位,该工位的设备采用特殊的颜色与其他工位进行区别。当工位上有高电压车辆进行维修时,要求在工位周围必须布置有明显的警示标志,避免他人未经允许进入高电压工位而发生危险。

2. 车间安全管理

电动汽车专用车间安全管理,除了普通车间的安全要求,须注意以下事项。

(1) 车辆焊接维修　首先要切断低压电源和动力蓄电池连接;操作人员要具备特种作业操作证;清理周围易燃物品并申请动火证;做好车身的保护,预防飞溅及着火;严格按照焊接工艺进行操作。

(2) 灭火器使用和检查　若发生火灾将产生不可估量的危害和损失,必须预防车辆自燃等火灾的发生,及时处理机舱内的油污、接插件松动或线束老化等隐患。检查车上的灭火器是否在固定的位置,是否在有效期内,充分了解本灭火器的性质和正确的使用方法。

发生火灾后不要惊慌,要及时采取正确的方法灭火,应尽量将火灾消灭在萌芽状态。首先要切断电源,所有人员立即离开车辆并站在远离车辆的上风;在采取救火措施的同时立刻报警(报警电话119、110)。常用的车载灭火器是干粉灭火器,灭火时手提干粉灭火器快速奔赴火点,在距离燃烧处1m左右,先将开启把上的保险销拔下,然后将喷嘴对准火焰的根部,压下压把扫射灭火。干粉灭火器的使用方法如图1-38所示。

a) 上下颠倒摇晃使干粉松动

b) 拔掉铅封

c) 拉出保险销

d) 保持安全距离,左手扶喷管,将喷嘴对准火焰根部,右手用力压下压把

图1-38　干粉灭火器使用方法

工作手册 1.1 高压安全防护

一、任务目的

能够正确辨识车辆高压部件，熟悉各部件的功用并对相关部件进行外观检查，在指导教师指导下完成新能源汽车高压安全防护相关操作。在对高压电动车辆进行维修与诊断工作时，最重要的是保障操作人员的人身安全，防止意外触电事故发生。因此，在接触高压电动车辆之初必须树立牢固的安全意识，必须掌握安全防护用品的操作规范和场地内的警告标识的含义。

二、技能要求

1. 能够正确地辨识电动汽车中的高压部件。
2. 能够正确地进行车辆防护。
3. 能够正确地检查和佩戴安全防护用具。
4. 能够按照操作规范正确地实施高压安全防护。
5. 依据职业操作规范要求，正确进行 7S 管理和操作。

三、安全事项

1. 确保学生完全在教师的指导下，在授权的范围内进行操作。
2. 禁止在不穿戴安全防护用品的情况下，接触任何车辆的高压电部件。
3. 学生应充分了解其职责范围，绝不擅自对高压电部件进行任何拆装、调整。
4. 对高压电动车辆进行功能操作前，必须确保车辆与场地处于安全状态。
5. 高压电动车辆脱离教师监控时必须全车落锁，驶离举升工位并由教师妥善保管钥匙。
6. 在任何时候都应注意自身的人身安全防护。
7. 车辆不可举升过高，举升到需要高度时，要确认保险锁销到位。
8. 工作中及完成任务后应遵守实训场地 7S 要求。

四、信息收集

学习任务单	高压安全防护	班级：
		姓名：

1. 解析加速踏板和制动踏板的开度、档位、运动模式等驾驶人意图的部件是_____。

2. 实现整车怠速、前行、倒车、停车、能量回收以及驻坡等功能的部件是_____。

3. 驱动电机控制系统运行状态的信息通过_____发送给整车控制器（VCU）。

4. 驱动电机上的主要传感器有_____、_____等。

5. 写出下图中部件的名称：①_____，②_____。

6. 电动汽车的车载能源系统主要由_____、_____、_____等组成。

7. 慢速充电系统使用的充电桩是_____，将_____经过车载充电机（OBC）和_____、_____变成高压直流电后通过_____连接到动力蓄电池。

8. 下图是吉利EV450电动汽车示意图，写出各部件的名称：①_____，②_____，③_____，④_____。

9. 辅助动力源主要由_____和_____组成。

（续）

10. 检查以下防护用品。

检查项目1：_____。
检查项目2：_____。

检查项目1：_____。
检查项目2：_____。

检查项目1：_____。
检查项目2：_____。
检查项目3：_____。

检查项目1：_____。
检查项目2：_____。

检测项目：_____。
检测设备：_____。
铺设位置：_____。

设备名称：_____。
用前校准1：_____。
用前校准2：_____。

设备名称：_____。
设备用途：_____。

设备名称：_____。
设备用途：_____。

橙色含义：_____。

符号含义：_____。

五、制订计划

1. 作业计划

序号	作业项目	操作要点

2. 设备清单

序号	设备名称	规格型号	数量

计划审核	审核意见：
	年　月　日　签字：

六、任务实施

工作任务单	高压安全防护	班级：
		姓名：

1. 车辆信息记录

品牌		整车型号		生产日期	
电机型号		蓄电池型号		行驶里程	
车辆识别代号					

2. 安全防护设备检查

作业项目	作业情况	判定
隔离带设置	已执行□　否□	异常□　正常□
放置警示牌	已执行□　否□	异常□　正常□
作业场地检查	已执行□　否□	异常□　正常□
车辆外观检查	已执行□　否□	异常□　正常□
绝缘手套检查	已执行□　否□	异常□　正常□
安全帽检查	已执行□　否□	异常□　正常□
绝缘鞋是否穿戴	已执行□　否□	异常□　正常□
护目镜检查	已执行□　否□	异常□　正常□
灭火工具检查	已执行□　否□	异常□　正常□
急救工具检查	已执行□　否□	异常□　正常□

（续）

3. 仪器设备检查

作业项目	作业情况	判定
万用表校准	已执行□ 否□	异常□ 正常□
放电工装检查	已执行□ 否□	异常□ 正常□
绝缘检测仪校准	已执行□ 否□	异常□ 正常□
地垫绝缘性检测	标准： 实测：	异常□ 正常□

4. 车辆防护

作业项目	作业情况	判定
安放车轮挡块	已执行□ 否□	异常□ 正常□
车外防护	已执行□ 否□	异常□ 正常□
车内防护	已执行□ 否□	异常□ 正常□

5. 高压回路断电

作业项目	作业情况	判定
放下驾驶人侧车窗玻璃	已执行□ 否□	异常□ 正常□
钥匙置于 OFF 档	已执行□ 否□	异常□ 正常□
妥善保管钥匙	已执行□ 否□	异常□ 正常□
断开辅助蓄电池负极连接	已执行□ 否□	异常□ 正常□
辅助蓄电池负极防护	已执行□ 否□	异常□ 正常□
放置禁止接通警示牌	已执行□ 否□	异常□ 正常□
断开分线盒侧直流母线	已执行□ 否□	异常□ 正常□
等待 3min	已执行□ 否□	异常□ 正常□
测量直流母线电压	标准： 实测：	异常□ 正常□

6. 车辆上电验证

作业项目	作业情况	判定
连接直流母线	已执行□ 否□	异常□ 正常□
连接辅助蓄电池负极	已执行□ 否□	异常□ 正常□
踩制动踏板，打开起动开关	已执行□ 否□	异常□ 正常□
查看仪表能否上高压电	已执行□ 否□	异常□ 正常□

7. 恢复车辆

作业项目	作业情况	判定
撤走禁止接通警示牌	已执行□ 否□	异常□ 正常□
撤走车外防护用品	已执行□ 否□	异常□ 正常□
撤走车内防护用品	已执行□ 否□	异常□ 正常□
升起车窗玻璃	已执行□ 否□	异常□ 正常□
用智能钥匙锁车	已执行□ 否□	异常□ 正常□

8. 仪器设备清洁

作业项目	作业情况	判定
清洁、整理万用表	已执行□ 否□	异常□ 正常□
清洁、整理绝缘测试仪	已执行□ 否□	异常□ 正常□
清洁、整理放电工装	已执行□ 否□	异常□ 正常□
清洁、整理绝缘手套	已执行□ 否□	异常□ 正常□
清洁、整理安全帽	已执行□ 否□	异常□ 正常□

(续)

9. 车辆及场地卫生		
作业项目	作业情况	判定
清洁车辆	已执行□ 否□	异常□ 正常□
清洁场地卫生	已执行□ 否□	异常□ 正常□
撤走隔离带	已执行□ 否□	异常□ 正常□
撤走警示牌	已执行□ 否□	异常□ 正常□
向教师交付钥匙	已执行□ 否□	异常□ 正常□

七、实训总结

自我反思	
自我评价	

任务二　高压作业安全规定

【任务描述】

今天上午车间接收了一辆吉利 EV450 事故车，技师刘奇对其进行了初步检查，结果为高压部件及高压线束未出现破损。在确保作业安全的情况下，为培养学徒工王磊正确使用检测仪器的技能和工匠精神，技师刘奇要求他对车辆做进一步电气信号检测，详细记录辅助蓄电池电压、高压互锁信号和高压线束绝缘情况等。

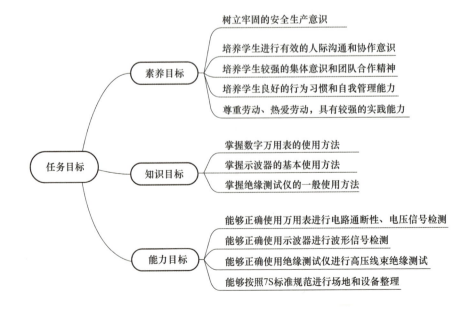

【知识储备】

一、检测仪表的选用

电动汽车检测常用的仪器仪表包括数字万用表、示波器、绝缘测试仪、放电工装、诊断仪等。

1. 数字万用表

在车辆检测诊断中，万用表常用来进行电路的通断性、电源及信号电压、电路电流及二极管性能等的检测。万用表如图 1-39 所示。

1）检测前应用电阻档进行校准，检测表笔的完好性并记录表笔本身的阻值，如图 1-40 所示。

图 1-39　万用表

图 1-40　万用表校准

2）检查电路通断性、器件电阻值。将电路处于无电状态，不可以带电测量。将旋转开关旋转至欧姆档的合适量程，通过读取电阻值判断电路是导通、断路还是虚接，一般不选用蜂鸣档。如果被测电阻值很小，则不应忽略表笔本身的电阻。

3）检测正弦交流电压。将旋转开关旋转至 $\tilde{V}$ 档的合适量程，显示数据为交流电有效值，如图 1-41 所示。

4）测量直流电压及矩形脉冲电压。将旋转开关旋转至 $\overline{V}$ 档的合适量程。注意：万用表测量的矩形脉冲电压是平均电压，而不是脉冲幅值。

5）用万用表测量电路电流。需要将电路断开并将万用表串联在电路中，测量较大电流一般使用钳形万用表。首先根据电流值预估范围，通过旋转开关选择合适量程，然后将被测导线穿过钳口，电流值就会在显示屏上显示出来，如图 1-42 所示。注意：不要将两根导线同时穿过钳口；交流电流档显示值为有效值。

图 1-41　检测正弦交流电压

2. 示波器

所有波形信号均应使用示波器进行检测；车辆起动、控制等过程中，有高/低电平变化的电压信号建议使用示波器进行检测。示波器如图 1-43 所示。示波器耦合方式有直流和交流两种。采用直流耦合方式时，在检测波形中含有直流平均电压；采用交流耦合方式时，直流平均电压被隔离。注意：测量车辆起动、控制过程中的高/低电平变化，示波器须采用直流耦合方式。

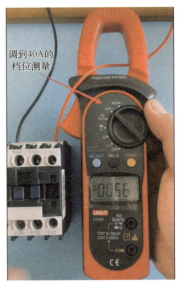

图 1-42　测量电流

1）示波器信号线上有一个衰减开关，如图 1-44 所示。衰减开关有两个档位：10X、1X。将衰减开关打到 10X，测量信号将衰减至 1/10，防止高电压对示波器造成损害，要注意的是示波器上的电压显示要选择为"*10"档。要观测电路中的未知信号，但不了解这个信号的具体幅度和频率等参数时，可以使用这个功能。

2）按下通道 1（CH1）与 MENU 按键，通过 F4 按钮调节示波器"衰减"为 10X。要确保探头"衰减"开关与示波器"衰减"匹配，如图 1-45 所示。将通道 1（CH1）的探头（正极）连接到电路的测试点上，探头负极连接信号负极（搭铁）。

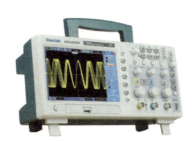

图 1-43　示波器

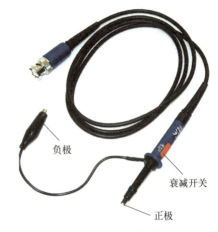

图 1-44　衰减开关

3）按下"AUTORANGE"按钮，示波器将自动设置波形到最佳显示效果；再按"AUTORANGE"按钮退出自动测量，可以手动调整垂直、水平档位，直到波形显示符合要求。

4）如果波形出现补偿过度或补偿不足，如图 1-46 所示，可以用非金属质地的螺钉旋具，手动调整探头上的可变电容，直到屏幕上显示的波形如图 1-46 中的"补偿正确"波形为止。

项目一 高压系统的安全操作

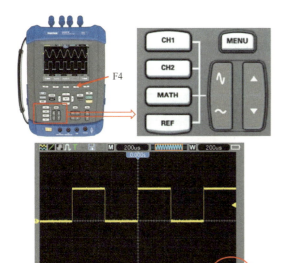

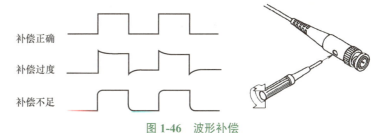

图 1-45　示波器通道选择　　　　　　　　　图 1-46　波形补偿

3. 绝缘测试仪

早期，电工使用绝缘电阻表（俗称摇表）进行绝缘电阻测试，如图 1-47 所示。其原理是将手摇发电机产生的高压施加到测量对象两端，然后测量两端的电阻值。由于这种方法施加电压不准确，使用起来比较麻烦。

数字式绝缘测试仪内部装有供电电源，可以用来测试高压部件、高压电路的绝缘情况，也可以测量交流 / 直流电压、接地耦合电阻等。绝缘测试仪如图 1-48 所示。下面以 Fluke1508 绝缘测试仪为例，简要介绍其使用方法。

图 1-47　绝缘电阻表　　　　　　　　　　图 1-48　绝缘测试仪

（1）测量电压　在将测试导线与电路或设备连接时，在连接带电导线之前先连接公共（COM）测试导线；当拆下测试导线时，要先断开带电的测试导线，再断开公共测试导线，如图 1-49 所示。其中，VAC 代表是交流电压（VDC 代表是直流电压）；24.0 是交流电压有效值；如果检测电压超过 600V，则显示 OL，符号会显示在显示屏上。

（2）测量电阻　电阻测试只能在不通电的电路上进行，否则可能会烧坏熔丝。校准：将探头的端部短接并按住蓝色按钮等到显示屏出现短划线符号。测试仪探头电阻将保存在内存中，并会被从读数中减去。

测量电阻如图 1-50 所示，将探头与待测电路连接，测试仪会自动检测电路是否通电，如果在电阻中检测到超过 2V 的电压，⚡符号会显示在显示屏上，同时显示电压超过 2V 的警告。在这种情况下，测试被禁止。如果按下⟨测试⟩按钮，测试仪会发出"哔哔"声。

按⟨测试⟩按钮，显示屏的下端位置将出现⟨测试⟩图标，直到释放⟨测试⟩按钮，主显示位置显示电阻值，直到开始新的测试或者选择了不同功能或量程。

当电阻值超过最大显示量程时，测试仪显示">"符号以及当前量程的最大电阻。

（3）测量绝缘电阻　绝缘测试只能在不通电的电路上进行。如果电路电压超过 30V，⚡符号会显示在显示屏上，并显示电压超过 30V 的警告，这种情况下，测试被禁止。

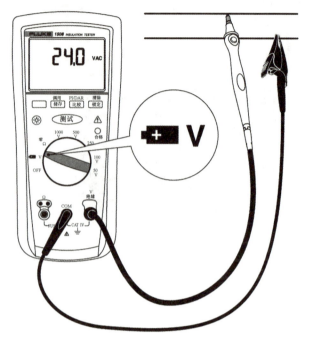

图 1-49　测量电压

测量绝缘电阻如图 1-51 所示，旋转开关转至所需要的测试电压，该电压不低于被测试对象的工作电压。按⟨测试⟩按钮开始测试，辅显示位置显示测试电压，主显示位置显示⚡符号及绝缘电阻测试值，下端位置将出现⟨测试⟩图标，直到释放⟨测试⟩按钮。继续将探头留在测试点上，然后释放⟨测试⟩按钮，被测电路即开始通过测试仪放电。

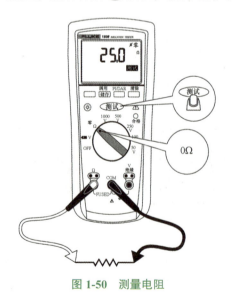

图 1-50　测量电阻

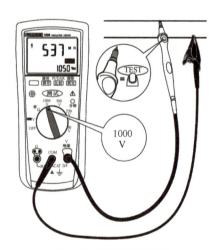

图 1-51　测量绝缘电阻

二、绝缘工具的选用

绝缘工具是使用绝缘材料进行加工并适用于电气管理中的工具。维护高电压类车辆时，必须使用带有绝缘功能的工具，这些工具带有强化绝缘层以保证操作者的作业安全。

与普通工具相比，专用绝缘工具绝缘面积大，除了与零部件接触点没有绝缘，其他地方都进行了相应绝缘处理，绝缘层通常使用红、黄两色进行标识。绝缘防护胶柄等均使用耐高压、耐燃材料制作，同时具有防滑功能。常见的绝缘工具如图1-52所示。

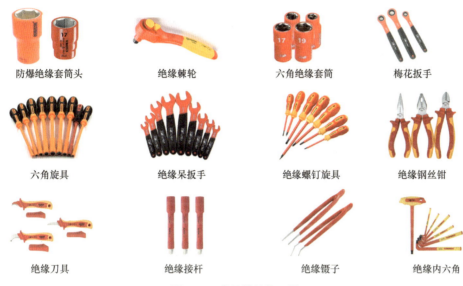

图1-52　常见的绝缘工具

三、从业人员资质和权限

德国针对带高压系统的车辆从业人员所应具有的资质和权限出台了BGI/GUV-I 8686E标准，我国目前尚未制定统一标准。

1. 电工作业证

由于电动汽车存在几百伏的直流电压系统，为防止相关人员在日常工作中遭到触电危害，降低电动汽车企业的运营风险，新能源汽车相关企业对从业人员提出了须持有低压电工作业证的要求，考察相关从业人员对电工操作技能、安全知识的掌握情况。低压电工作业证如图1-53所示。

图1-53　低压电工作业证

2. 德国BGI/GUV-I 8686E标准

德国BGI/GUV-I 8686E标准针对汽车领域的高压电，特别是混合动力电动汽车、燃料电池电动汽车、纯电动汽车，做出了明确界定：DC 60~1500V，AC 30~1000V。依据员工工作环境及岗位职责的不同，将从业人员资质和权限分为3个等级，如图1-54所示。

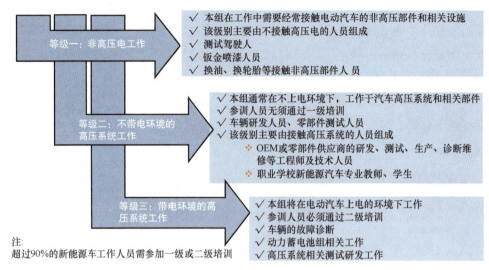

图1-54　BGI/GUV-I 8686E 标准

3. 我国企业标准

我国新能源汽车企业根据工作岗位安全需要，对相关从业人员的资质和权限做出了相关标准要求：电动汽车维修操作人员必须持证上岗，经过培训后才能进行操作；须执有国家安监局颁发的《特种作业操作证（低压电工证）》；须经过汽车企业专业技术培训，并通过考核；须掌握新能源汽车构造、工作原理和维修诊断知识与技能；具有安全、文明生产和环境保护的相关知识和技能；维修新能源汽车高压器件时，在维修现场至少配备2名人员。以北汽新能源汽车为例，其技术培训和资质的相关要求如图1-55所示。

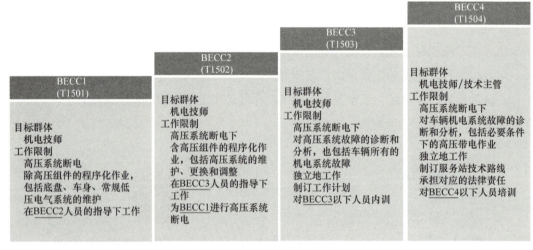

图1-55　北汽新能源汽车技术培训和资质的相关要求

四、电动汽车作业安全规范

电动汽车涉及高压电，在维修作业过程中必须遵守高压电操作规范、机动车维修操作规范等作业安全规范，且必须严格遵守维修流程，如图 1-56 所示，以保障作业人员人身安全和车辆、设备安全。断电、防止重新接通、确定处于无电状态、接地和短路、遮盖和阻隔相邻带电部件被称为高压作业五条安全规定。

1. 断电

一般电动汽车维修维护作业须在断电情况下执行，断电必须由具备高压资质人员执行，必要时使用专用诊断仪的引导性功能。断电步骤包括：关闭起动开关并拔掉钥匙、断开辅助蓄电池负极连接，对动力蓄电池箱进行打开作业时，必须拔掉维修开关。

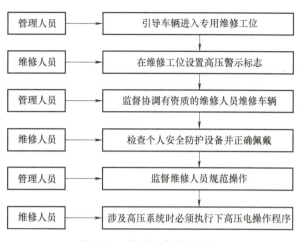

图 1-56　电动汽车维修流程

2. 防止重新接通

断开辅助蓄电池负极连接后，应使用绝缘防护帽对负极柱或负极连接线进行保护，防止重新接通，在车辆醒目位置粘贴作业警示标志，如图 1-57 所示；妥善保管起动钥匙和维修开关，除唯一执行人外任何人不得恢复。

3. 确定处于无电状态

断开高压电后至少等待 3min；使用专用万用表进行断电测量，用来检查动力蓄电池主正/主负接触器断开情况、电机控制器（MCU）中超级电容的放电情况等，连接电机控制器（MCU）的高压直流电缆端的测量电压应小于 5V，如图 1-58 所示；必要时使用放电工装进行放电，放电工装如图 1-59 所示；如果无法断电，必须由特定资质人员处理。

图 1-57　作业警示标志

图 1-58　用万用表测量断电情况

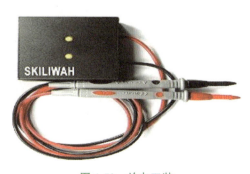

图 1-59　放电工装

五、新能源汽车的高电压安全方案

为保障高压用电安全,新能源汽车采取了多重防护措施以实现高电压安全方案,如图 1-60 所示。

警示保护	设计保护	功能保护
警告标签 橙色提醒色	组件接触保护 高压电路的绝缘措施 高压系统与车身搭铁断开 维修插头 高压保护继电器 电位平衡电路 低压控制电路 绝缘电阻监控	点火开关关闭高压系统 充电保护 碰撞保护

图 1-60 多重防护措施

（1）高压设备的保护继电器 动力蓄电池与高压系统连接在一起。两根高压线路（HV+、HV-）有各自的保护继电器,其作用是控制动力蓄电池与高压电网通断,如图 1-61 所示。两路保护继电器同时工作。如果继电器断电,动力蓄电池与高压电网会断开。断开指令可由多种情况触发。如果汽车熄火并拔出起动钥匙,也能使继电器打开,同时使其他安全系统做出响应。

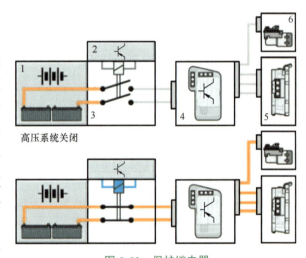

图 1-61 保护继电器

1—动力蓄电池 2—蓄电池管理系统 3—保护继电器
4—功率电子元件 5—电机 6—空调压缩机

（2）高压系统与 12V 系统隔离 高压电网与 12V 车载电网的严格隔离可以防止高压设备与汽车搭铁发生意外短路。其原理如图 1-62 所示。

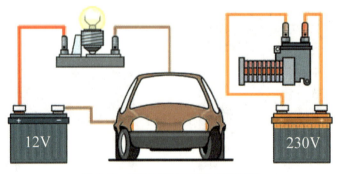

图 1-62 高压系统与 12V 系统隔离

所有高压组件都具有两条导线,由这两条导线组成回路。与车身搭铁没有连接。高压设备具有一个专门的电位平衡装置,如图 1-63 所示。

（3）高压互锁　监测高电压部件、电缆、接插件、保护盖等的电气完整性。控制电路是一个完全独立的低压安全系统，它用于确定是否所有高压组件都正确地连在高压系统上。控制电路连接着所有高压组件。此系统检查连接在控制电路中的部件的高压接口是否正确连接。整合在控制电路中的插头类型取决于特定的车型。吉利帝豪 EV450 高压互锁回路如图 1-64 所示。

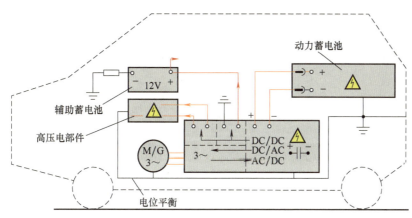

图 1-63　对地绝缘的高压电系统

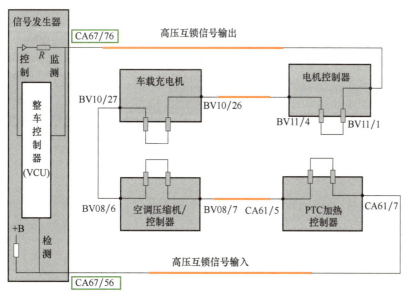

图 1-64　吉利帝豪 EV450 高压互锁回路

（4）绝缘电阻的监控　在高压电动汽车行驶时，蓄电池调节控制单元定期（每 30s）发出 500V 测试电压。测试电流值很小，所以对人体无害。如由于外部损坏（例如鼠咬）使导线绝缘层破损，绝缘电阻会发生改变。控制单元通过电阻改变识别到绝缘故障并根据故障的严重程度，使汽车组合仪表发出不同的提示。

（5）分断装置　如图 1-65 所示，维修维护时，断开维修开关或锁闭分断锁，以切断高电压。

（6）故障保护　如图 1-66 所示，系统采用故障分级和保护，防止过电压、过电流、过热、短路等。

扫一扫

高压互锁布局

图 1-65　分断装置

图 1-66　故障保护

（7）碰撞保护　如图 1-67 所示，系统在识别出车辆发生碰撞时，主动切断动力蓄电池的高压触点。安全气囊控制单元识别到发生事故且安全带拉紧器或安全气囊触发，就会要求蓄电池调节控制单元断开保护继电器。如果只有安全带拉紧器触发（一级碰撞触发），重新开关起动开关就可以使继电器闭合。如果发生二级碰撞，安

图 1-67　碰撞保护

全带拉紧器和安全气囊就会触发，之后只能通过诊断仪使保护继电器重新闭合。

（8）外部充电保护　如图 1-68 所示，汽车外部充电插头中装有额外的保护继电器，只有当系统确定充电触点已连接且存在电压时，保护继电器才会将动力蓄电池与充电触点连接，即使下雨或触点潮湿，充电过程也很安全。

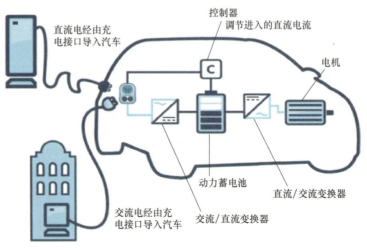

图 1-68　外部充电保护

工作手册 1.2　高压系统及安全策略实车认知

【情景描述】

有一辆吉利帝豪 EV450 电动汽车，踩制动踏板并按下起动开关，仪表正常亮，"READY"灯无法正常亮；蓄电池指示灯、系统故障指示灯、仪表右侧驻车灯、驱动模式指示灯（ECO）等正常亮，如图 1-69 所示。作为维修技工，请正确使用诊断仪、示波器、万用表等检测工具，依据维修手册及相关资料尝试进行故障诊断并准确填写诊断报告。

图 1-69　吉利帝豪 EV450 仪表盘

一、任务目的

本任务主要以教师操作为主，通过实践训练，学生应该能够学会借助维修手册，了解车辆整车高压部件及高压安全策略，对高压部件及整车安全策略建立整体认知；能够正确使用诊断仪、示波器、万用表等检测工具，依据维修手册及相关资料实施故障信息查找，并准确填写任务报告；按照 7S 操作规范整理场地。

二、技能要求

1. 能够正确地使用诊断仪、示波器、绝缘测试仪等检测仪器。
2. 能够按照维修手册正确找到实车高压部件。
3. 能够正确地查阅维修资料、识读和分析电路原理图。
4. 能够借助相关资料对整车高压部件及安全策略进行认知。
5. 依据职业操作规范要求，正确进行 7S 管理和操作。

三、安全事项

1. 确保学生完全在教师的指导下，在授权的范围内进行操作。

2. 禁止在不穿戴安全防护用品的情况下，接触任何车辆的高压电部件。

3. 学生应充分了解其职责范围，绝不擅自对高压电部件进行任何拆装调整。

4. 对高压电动车辆进行功能操作前，必须确保车辆与场地处于安全状态。

5. 高压电动车辆脱离教师监控时必须全车落锁，驶离举升工位并由教师妥善保管钥匙。

6. 在任何时候都应注意自身的人身安全防护。

7. 车辆不可举升过高，举升到需要高度时，要确认保险锁销到位。

8. 工作中及完成任务后应遵守实训场地 7S 要求。

四、信息收集

学习任务单	高压系统及安全策略实车认知	班级： 姓名：

1. 分断装置又称为维修开关，吉利帝豪 EV450 的维修开关位于_____，它把动力蓄电池中的单体蓄电池分成两个部分。

2. 在下图电路中，电动汽车上电时接触器闭合的顺序是_____→_____→_____。

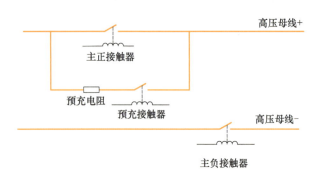

3. 把两个高压部件的外壳导线连起来，实现了_____，其目的是_____。

4. 从下图可以看出，高压互锁是采用_____控制_____的一种安全设计。

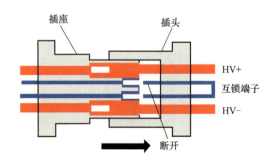

5. 下图是吉利帝豪 EV450 电动汽车上的一条高压互锁回路，VCU 通过 CA67/76 端子输出幅值约为_____V 的脉冲信号，该脉冲信号依次经过_____、

（续）

_____以及_____部件，经过VCU内部电路将脉冲幅值拉至_____V。如果VCU检测不到该脉冲信号，则认为高压互锁回路出现故障，并执行下高压电操作。如果高压互锁回路出现断路，从近CA67/76端子侧的断点处可测到_____V的_____信号，从近CA66/58端子的断点处可以检测到_____V的_____信号。

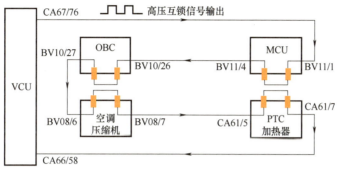

五、制订计划

1. 作业计划

序号	作业项目	操作要点

2. 设备清单

序号	设备名称	规格型号	数量

计划审核	审核意见：
	年　　月　　日　　签字：

六、任务实施

工作任务单	高压系统及安全策略实车认知	班级：
		姓名：

1. 车辆信息记录					
品牌		整车型号		生产日期	
电机型号		动力蓄电池容量		行驶里程	
车辆识别代号					

2. 车辆基本检查		
检查项目	检查情况	
辅助蓄电池电压		异常□ 正常□
高压部件安装及插接器连接情况		异常□ 正常□
膨胀水箱液位		异常□ 正常□

3. 故障现象判定	
诊断项目	诊断内容
确认故障现象	

4. 读取与本故障相关主要故障码	
诊断项目	诊断内容
相关故障码描述	

5. 记录与本故障相关主要数据流	
诊断项目	诊断内容
相关数据流描述	

6. 分析故障范围	
诊断项目	诊断内容
故障范围描述	

（续）

7. 故障诊断过程记录

步骤	诊断对象及检测项目	测量结果分析

8. 故障诊断结论

确认故障点		
故障机理分析		
提出维修建议		

七、职业素养

高压系统及安全策略实车认知		实习日期：		
姓名：	班级：	学号：		教师签名：
自评：□熟练　□不熟练	互评：□熟练　□不熟练	师评：□合格　□不合格		
日期：	日期：	日期：		

高压系统及安全策略实车认知【评分细则】							
序号	评分项	得分条件	分值	评分要求	自评	互评	师评
1	安全/7S/态度	□ 1. 能进行工位 7S 操作 □ 2. 能进行设备和工具安全检查 □ 3. 能进行车辆安全防护操作 □ 4. 能进行人员高压安全防护操作 □ 5. 能进行三不落地操作	15	未完成 1 项扣 3 分	□熟练 □不熟练	□熟练 □不熟练	□合格 □不合格

(续)

序号	评分项	得分条件	分值	评分要求	自评	互评	师评
2	专业技能能力	□ 1. 能正确地检查车辆基本状态 □ 2. 能正确地检查高压互锁故障现象 □ 3. 能正确地读取故障码及数据流信息 □ 4. 能正确地分析故障原因 □ 5. 能正确地制订检测流程 □ 6. 能正确地使用检测设备执行检测 □ 7. 能正确地找到故障点 □ 8. 能正确地分析故障机理 □ 9. 能合理地提出维修建议	50	未完成1项扣5分	□熟练 □不熟练	□熟练 □不熟练	□合格 □不合格
3	工具及设备使用能力	□ 1. 能正确地使用维修工具 □ 2. 能正确地使用充电装置 □ 3. 能正确地使用万用表、诊断仪、示波器等诊断设备	10	未完成1项扣3分	□熟练 □不熟练	□熟练 □不熟练	□合格 □不合格
4	资料、信息查询能力	□ 1. 能正确地查询车辆信息 □ 2. 能正确地使用维修手册查询资料 □ 3. 能正确地记录查询资料章节及页码 □ 4. 能正确地记录检查状态信息	10	未完成1项扣3分	□熟练 □不熟练	□熟练 □不熟练	□合格 □不合格
5	数据判断和分析能力	□ 1. 能判断高压互锁故障仪表状态 □ 2. 能判断仪表指示灯状态 □ 3. 能判断故障码 □ 4. 能判断数据流 □ 5. 能分析诊断仪器检测结果	10	未完成1项扣2分	□熟练 □不熟练	□熟练 □不熟练	□合格 □不合格
6	表单填写报告的撰写能力	□ 1. 字迹清晰 □ 2. 语句通顺 □ 3. 无错别字 □ 4. 无涂改 □ 5. 无抄袭	5	未完成1项扣1分	□熟练 □不熟练	□熟练 □不熟练	□合格 □不合格
总分：							

八、实训总结

自我反思	
自我评价	

项目二
驱动电机系统的装调与测试

任务一 新能源汽车驱动电机类型

🚗【任务描述】

学徒工王磊跟随技师刘奇学习纯电动汽车故障检修技术，刘技师向王磊介绍了电动汽车的主要结构组成。今天上午车间接收了一辆吉利 EV450 事故车，刘技师派王磊对车辆电驱动系统进行初步检查，并对相关部件和线束破损情况进行详细记录。

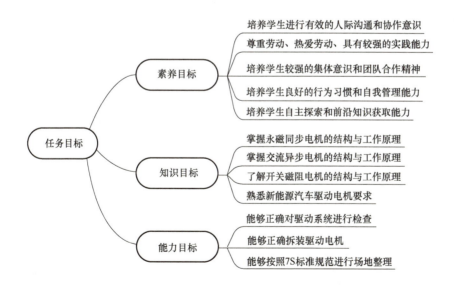

🚗【知识储备】

电动汽车由电机驱动，电机是电动汽车的关键部件。

目前在电动汽车上已应用的和有应用前景的电机有：直流电机、交流异步电机、永磁同步电机和开关磁阻电机。

一、直流电机

1. 直流电机的结构

直流电机主要由机座、电枢绕组、励磁绕组、电枢铁心、换向器、电刷、端盖、风扇等组成。其结构如图 2-1 所示,其中静止部分叫作定子,转动部分叫作转子或电枢。

(1) 定子 定子由机座、主磁极、励磁绕组、端盖和电刷装置等组成。

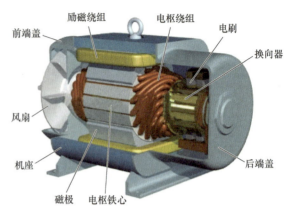

图 2-1 直流电机结构

1) 机座。机座用来固定主磁极、电刷架和端盖等部件,起支撑、保护作用,与主磁极铁心、磁轭、电枢铁心一起构成电机的磁路,磁通通过整个磁路的情形如图 2-2 的虚线所示。机座用铸铁、铸钢或钢板制成。

2) 主磁极。主磁极的作用是产生气隙磁场。主磁极由主磁极铁心和励磁绕组两部分组成。铁心一般用 0.5~1.5mm 厚的铁板或硅钢板冲片叠压铆紧而成,分为极身和极掌两部分,上面套励磁绕组的部分称为极身,下面扩宽的部分称为极掌,极掌宽于极身,既可以调整气隙中磁场的分布又便于固定励磁绕组。

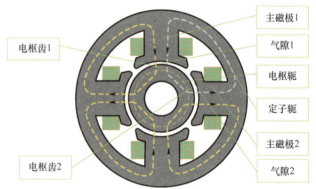

图 2-2 直流电机磁通

励磁绕组用绝缘铜线绕制而成、套在主磁极铁心上。整个主磁极用螺钉固定在机座上。

3) 励磁绕组。定子励磁绕组相对比较简单,直接绕到磁极上即可,两个磁极的线圈串联起来即组成励磁绕组,如图 2-3 所示。

4) 电刷装置。如图 2-4 所示,电刷装置用来引入或引出直流电压和直流电流,它由电刷架、刷握、电刷、压紧弹簧等组成。

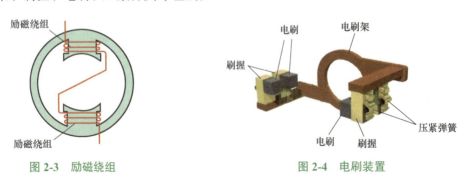

图 2-3 励磁绕组　　　　图 2-4 电刷装置

(2) 转子(电枢) 直流电机的转子主要由电枢铁心和电枢绕组、换向器、转轴和风扇等组成。

1) 电枢铁心。电枢铁心的作用有两个:一个是作为主磁路的主要部分,另一个是嵌放电枢绕组，如图 2-5 所示。

2）电枢绕组。电枢绕组由许多按一定规律排列和连接的线圈组成，每个线圈称为元件。它是直流电机的主要电路部分，是通过电流和感应产生电动势以实现机电能量转换的关键性部件，如图 2-6 所示。

3）换向器。换向器是直流电机的重要部件。在直流电机中它将电刷上通过的直流电流转换为绕组内的交变电流。换向器安装在转轴上与转轴过盈配合，主要由许多换向片组成，片与片之间用云母绝缘，换向片数与元件数相等，如图 2-7 所示。

图 2-5 电枢铁心

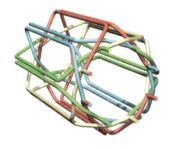

图 2-6 电枢绕组

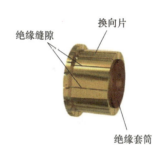

图 2-7 换向器

2. 直流电机的特点

直流电机具有以下特点：

1）有优良的调速特性，调速范围宽广、调速平滑、方便。

2）过载能力大，能承受频繁冲击负载，能设计成与负载机械相适应的各种机械特性。

3）能实现快速起动、制动和逆向运转。

4）能适应生产过程电气自动化所需要的各种特殊运行要求。

3. 直流电机的工作原理

如图 2-8 所示，电流从电刷 A 和换向片 1 流入，经线圈 ab 和 cd 边后，从换向片 2 和电刷 B 流出。根据电磁力定律，有效边 ab 和 cd 将受到电磁力的作用，由左手定则可知，有效边 ab 受到向左的力，有效边 cd 受到向右的力，所以整个线圈按逆时针方向旋转。

当线圈转过 180° 时，此时电流将从电刷 A 和换向片 2 流入，经线圈的 dc 和 ba 边后，从换向片 1 和电刷 B 流出。同样根据左手定则，有效边 dc 受到向左的力，有效边 ba 受到向右的力，线圈会继续保持逆时针方向旋转。

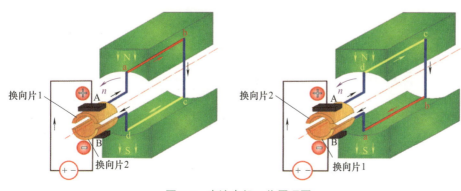

图 2-8 直流电机工作原理图

二、交流异步电机

1. 交流异步电机的结构

交流异步电机的种类虽然很多，但各类交流异步电机的基本结构是相同的，它们都由定子和转子两大基本部分组成，如图2-9所示。在定子和转子之间具有一定的气隙，此外还有轴承、风扇、风扇罩、接线盒、吊环等附件。

（1）定子　定子是用来产生旋转磁场的，三相交流异步电机的定子由定子铁心、定子绕组等部分组成。

1）定子铁心。交流异步电机的定子铁心是电机磁路的一部分，由0.35~0.5mm厚表面有绝缘层的硅钢片叠压而成，如图2-10所示。

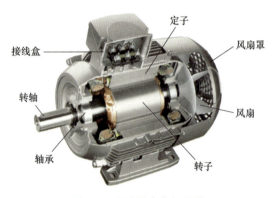

图2-9　交流异步电机结构

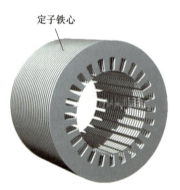

图2-10　定子铁心

2）定子绕组。定子绕组是三相异步电机的电路部分。三相异步电机有三相绕组，通入三相对称交流电流时就会产生旋转磁场。图2-11所示为三相绕组的两种连接方法电路图和实际接线图。

（2）转子　异步电机的转子分为绕线型与笼型两种，对应的电机分别称为绕线转子异步电机与笼型转子异步电机，后者简称为笼型异步电机。

1）绕线转子异步电机转子。绕线转子异步电机的转子用0.5mm厚的硅钢片叠压而成，套在转轴上，作用和定子铁心相同，一方面作为电机磁路的一部分，另一方面用来安放转子绕组，其结构如图2-12所示。

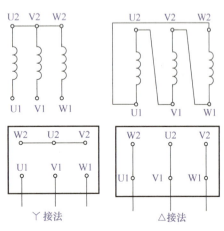

图2-11　定子绕组的两种接线图

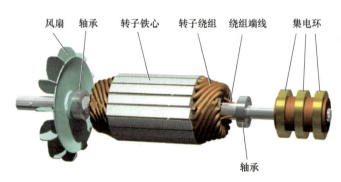

图2-12　绕线转子异步电机转子结构

2)笼型异步电机转子。在转子铁心的每一个槽中插入一根铜条,在铜条两端各用一个铜环(称为端环)把导条连接起来,称为铜排转子,也可用浇铸的方法把转子导条和端环、风扇叶片用铝液一次浇铸而成,称为铸铝转子,其结构如图 2-13 所示。

图 2-13 笼型异步电机转子结构

笼型异步电机和绕线转子异步电机的比较:
- ☑ 笼型异步电机结构简单、运行可靠、质量小、价格便宜,因此得到了广泛的应用;其缺点是调速困难。
- ☑ 绕线转子异步电机的转子和定子设置了三相绕组并通过集电环、电刷与外部变阻器连接。调节变阻器电阻可以改善电机的起动性能和调节电机的转速。

(3) **外壳** 外壳是三相异步电机机械结构的重要组成部分,它由机座、端盖、轴承盖、接线盒和风扇罩等组成,如图 2-14 所示。

2. 交流异步电机的工作原理

如图 2-15 所示,当电机的三相定子绕组通入三相对称交流电后,将产生一个旋转磁场,该旋转磁场切割转子绕组,从而在转子绕组中产生感应电流 i,载流的转子导体在定子旋转磁场作用下将产生电磁力,从而在电机转轴上形成电磁转矩,驱动电机转子旋转,并且旋转方向与定子旋转磁场方向相同,感应电机的名称由此而来。

图 2-14 外壳

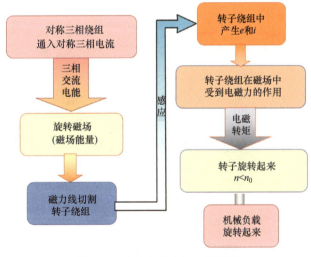

图 2-15 交流异步电机工作原理

3. 交流异步电机的机械特性

转矩和转速是电动汽车对驱动电机提出的两项基本要求。机械特性是指转矩 T 与转子转速 n 或者转矩 T 与转差率 s(s 为旋转磁场的同步转速 n_0 与转子转速 n 之差与同步转速 n_0 的比值,即 $s = \dfrac{n_0-n}{n_0}$)之间的关系,即 $n = f(T)$ 或者 $s = f(T)$。研究电机机械特性对满足车辆行驶工况要求、优化动力匹配、合理设计电机控制和调速系统有着重要的意义。

对于三相异步电机,其转矩 T 的表达式为

$$T = KU_1^2 \frac{sR_2}{R_2^2 + (sX_{20})^2} \tag{2-1}$$

式中,K 是一个常数;s 为异步电机转差率;R_2 为转子绕组的电阻;X_{20} 是转子静止时每相绕组的感抗,一般为常数;U_1 是加在定子每相绕组的电压。

由式(2-1)可以看出,转矩 T 与定子每相绕组电压 U_1 的二次方成正比,所以当动力蓄电池荷电量(SOC)不足且大电流放电导致动力蓄电池端电压下降幅度较大时,转矩下降幅度也较大,从而影响整车加速性能;此外,转矩受转子电阻 R_2 的影响。转矩与转差率特性曲线如图 2-16 所示。将式(2-1)中的转差率 s 用式 $s = \dfrac{n_0 - n}{n_0}$ 替换,那么可以得到转矩 T 与转子转速 n 之间的关系,即 $n = f(T)$,转速与转矩之间的关系曲线如图 2-17 所示。

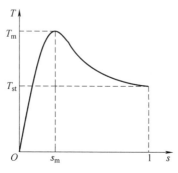

图 2-16 转矩与转差率特性曲线

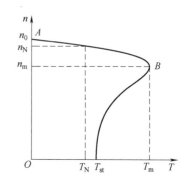

图 2-17 转速与转矩之间的关系曲线

通常电机稳定运行在图 2-17 所示特性曲线的 AB 段,负载转矩有较大变化时,三相异步电机的转速变化不大,具有硬的机械特性。固有机械特性是指在额定电压、额定频率下,定子绕组按规定的接线方式连接,定子及转子回路不外接任何电气元件的条件下的机械特性。下面结合机械特性曲线来分析电机的运行特性。

(1)额定转矩 T_N 额定转矩是指电机在额定负载下运行的转矩,它可以由电机额定功率 P_N 和额定转速 n_N 应用下式求得:

$$T_N = 9550 \frac{P_N}{n_N} \tag{2-2}$$

式中,额定转矩 T_N 的单位为 N·m;额定功率 P_N 的单位为 kW;额定转速 n_N 的单位为 r/min。

(2)起动转矩 T_{st} 电机接入三相交流电流但尚未转动的一瞬间,轴上产生的转矩叫作起动转矩。这时有

$$T_{st} = K \frac{R_2 U_1^2}{R_2^2 + X_{20}^2} \tag{2-3}$$

式中,R_2 为转子电阻;X_{20} 为转子静止电抗;U_1 为定子绕组相电压。

起动转矩必须大于电机轴上所带的机械负载转矩,电机才能起动。因此,起动转矩是衡量电机起动性能好坏的重要指标。通常用起动转矩倍数 λ_{st} 表示

$$\lambda_{st} = \frac{T_{st}}{T_N} \tag{2-4}$$

对于一般用途的电机，λ_{st} 为 1.2~2.2（功率大的取小值）。

（3）最大转矩 T_m　在机械特性图上，转矩有一个最大值，称为最大转矩或临界转矩。如果负载转矩超过最大转矩，电机将无法带动负载，电机电流上升 6~7 倍，造成电机因严重过热而烧坏。

最大转矩与额定转矩的比值称为过载系数，用 λ 表示，即

$$\lambda = \frac{T_m}{T_N} \tag{2-5}$$

λ 表明了电机的过载能力，一般笼型为 2.0~2.3。

4. 交流异步电机的特点

1）成本低、转矩大，急加速性能特别好，特别是空转阻力很小。
2）能量效率略低，调速范围窄，同等性能条件下，体积与质量大于永磁同步电机。

三、永磁同步电机

1. 永磁同步电机的结构

永磁同步电机主要是由转子、端盖及定子等各部件组成的，如图 2-18 所示。一般来说永磁同步电机最大的特点是它的定子结构和普通的异步电机的结构非常相似，主要是区别于转子的独特结构与其他电机形成了差别。它和常用的异步电机最大的不同则是转子的独特结构，在转子上放有高性能的永磁体磁极。

（1）定子　永磁同步电机定子绕组的主要电气参数、绕组形式与三相异步电机的定子绕组一样，通入交流电源即产生旋转磁场。其结构如图 2-19 所示。

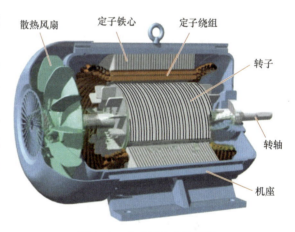

图 2-18　永磁同步电机结构

（2）转子　永磁同步电机转子采用径向永久磁铁作磁极，如图 2-20 所示。在旋转磁场的作用下，转子跟随旋转磁场同步旋转，旋转磁场的转速与电源频率呈固定的关系。

2. 永磁同步电机的分类

根据在转子铁心上安放永磁体的位置不同，永磁同步电机通常被分为三大类：内嵌式、表面式和镶嵌式。

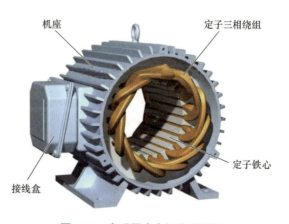

图 2-19　永磁同步电机定子结构

（1）内嵌式　永磁体位于转子铁心内部，永磁体外表面与定子铁心内圆之间有铁磁物质制成的极靴，极靴中可以放置铸铝笼或铜条笼，起阻尼或起动作用，稳态性能好。内

嵌式转子的永磁体受到极靴的保护，其转子磁路结构的不对称性所产生的磁阻转矩有助于提高电动机的过载能力和功率密度，而且易于"弱磁"扩速。在功率较大的电机中用得较多的是在转子铁心内部嵌入永磁体的内埋式永磁转子（或称为内置式永磁转子、内嵌式永磁转子），根据永磁体磁化方向与转子旋转方向的关系分为径向式、切向式、混合式3种，常见形式如图2-21所示。内嵌式同步电机有较高的磁显性，可产生额外的磁阻转矩分量，保持高速运行时的机械稳定性。

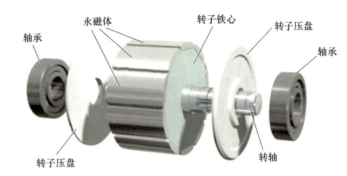

图 2-20　永磁同步电机转子结构

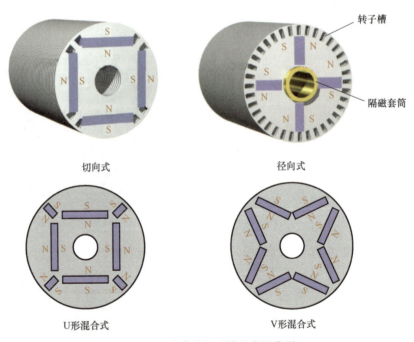

图 2-21　内嵌式永磁转子常见类型

（2）表面式　永磁体磁极安装在转子铁心圆周表面上的转子，称为表面凸出式永磁转子或表面式永磁转子，如图2-22所示。

（3）镶嵌式　永磁体磁极嵌装在转子铁心表面的转子，称为表面嵌入式永磁转子或镶嵌式永磁转子，如图2-23所示。

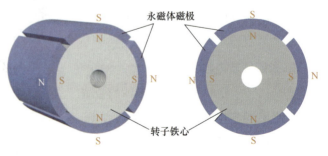

图 2-22　表面式永磁转子

3. 永磁同步电机的工作原理

永磁同步电机的基本工作原理是：磁通总是沿磁阻最小的路径闭合，利用磁引力拉动转子旋转，于是永磁转子跟随定子产生的旋转磁场同步旋转，故称之为同步电机。对称三相定子绕组通入三相交流电产生旋转磁场，永磁转子在定子旋转磁场的磁力拖动下转动且达到同步转速。永磁同步电机工作原理如图 2-24 所示。

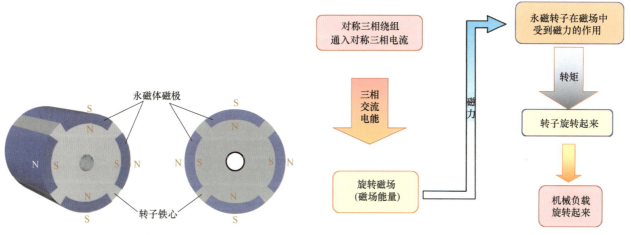

图 2-23　镶嵌式永磁转子　　　　　图 2-24　永磁同步电机工作原理

下面以 12 槽 8 极分数槽集中绕组永磁同步电机为例介绍其转动过程，其定子与转子结构如图 2-25 所示。图中，A、B、C 为霍尔传感器，安装在定子两个齿极间的空隙处，用来检测转子位置。当转子的两个磁极交界处通过霍尔元件时，霍尔元件 A、B、C 检测到转子磁极极性变化，向电机控制器发出编码信号，电机控制器通过解读编码信号获得当前转子的位置信息。这种转子位置的检测方法称为光电编码法。电机控制器根据转子位置向 IGBT 功率开关器件发出相应的控制信号，控制 IGBT 功率开关器件的导通与关断，实现三相电流切换。

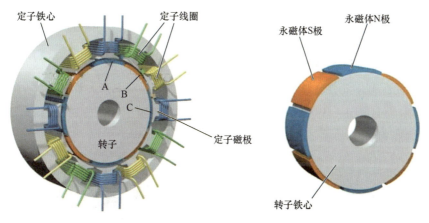

图 2-25　永磁同步电机定子与转子结构

U、V、W 三相绕组的线圈连接如图 2-26 所示，12 个线圈组成三相绕组，三相的末端连接起来构成三角形接法。线圈 1、4、7、10 串联组成 U 相绕组，线圈 2、5、8、11 串联组成 V 相绕组；线圈 3、6、9、12 串联组成 W 相绕组。根据每相绕组的连接方式可知：空间旋转磁场的极对数 $p=4$，定子绕组的电流每交变一次，旋转磁场在空间中旋转 1/4 个圆周，即 90°。

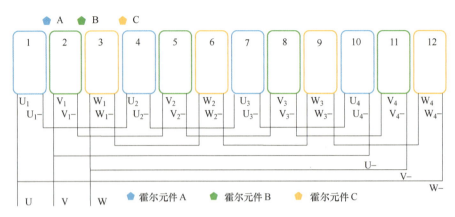

图 2-26 U、V、W 三相绕组的线圈连接

定子绕组有 6 个开通状态，6 个状态为一个周期，一个周期转子旋转 90°，转子旋转一周需 4 个周期，把 6 个状态的时间段分别称为 T_1、T_2、T_3、T_4、T_5、T_6。三相绕组驱动电路如图 2-27 所示，由功率开关管 $IGBT_1$ 至 $IGBT_6$ 轮流导通分时段为三相绕组提供方波驱动信号。

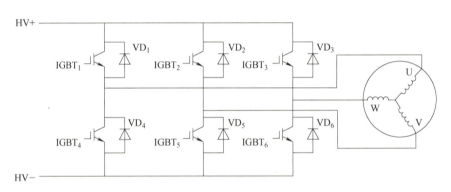

图 2-27 三相绕组驱动电路

1) T_1 时刻：霍尔元件 C 检测到转子磁极由 S 变为 N，功率开关管 $IGBT_2$、$IGBT_6$ 导通，其他截止，驱动电源输出为 V 相正、W 相负，两相绕组产生的磁场吸引转子旋转 15°，电流与磁力线方向如图 2-28a 所示。

2) T_2 时刻：霍尔元件 A 检测到转子磁极由 N 变为 S，功率开关管 $IGBT_1$、$IGBT_6$ 导通，驱动电源输出为 U 相正、W 相负，两相绕组产生的磁场吸引转子旋转 15°，电流与磁力线方向如图 2-28b 所示。

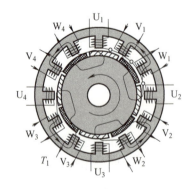 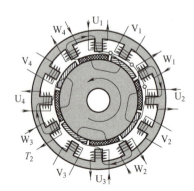

a) 霍尔元件 C 检测到磁极翻转，V 相正、W 相负　　b) 霍尔元件 A 检测到磁极翻转，U 相正、W 相负

图 2-28 T_1、T_2 时刻电流及磁力线方向

3)T_3时刻：霍尔元件B检测到转子磁极由S变为N，功率开关管$IGBT_1$、$IGBT_5$导通，驱动电源输出为U相正、V相负，两相绕组产生的磁场吸引转子旋转15°，电流与磁力线方向如图2-29a所示。

4)T_4时刻：霍尔元件C检测到转子磁极由N变为S，功率开关管$IGBT_3$、$IGBT_5$导通，驱动电源输出为W相正、V相负，两相绕组产生的磁场吸引转子旋转15°，电流与磁力线方向如图2-29b所示。

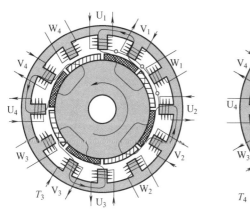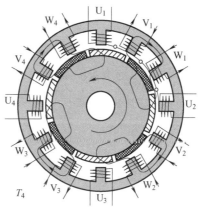

a) 霍尔元件B检测到磁极翻转，U相正、V相负　　b) 霍尔元件C检测到磁极翻转，W相正、V相负

图2-29　T_3、T_4时刻电流及磁力线方向

5)T_5时刻：霍尔元件A检测到转子磁极由S变为N，驱动电源输出为W相正、U相负，功率开关管$IGBT_3$、$IGBT_4$导通，两相绕组产生的磁场吸引转子旋转15°，电流与磁力线方向如图2-30a所示。

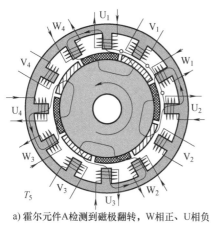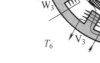

a) 霍尔元件A检测到磁极翻转，W相正、U相负　　b) 霍尔元件B检测到磁极翻转，V相正、U相负

图2-30　T_5、T_6时刻电流及磁力线方向

6)T_6时刻：霍尔元件B检测到转子磁极由N变为S，功率开关管$IGBT_2$、$IGBT_4$导通，驱动电源输出为V相正、U相负，两相绕组产生的磁场吸引转子旋转15°，电流与磁力线方向如图2-30b所示。

T_6结束再次进入T_1，重新循环，转子就不停地旋转下去。由此看出：永磁同步电机在起动和工作过程中，电机控制器（MCU）需要知道转子磁极位置，由此计算三相交流电的相位，确保旋转磁场的磁极与转子磁极处于正确的对应关系。

永磁体作为转子产生旋转磁场,三相定子绕组在旋转磁场作用下通过电枢反应,感应三相对称电流,此时转子动能转化为电能,永磁同步电机作发电机用。此外,当定子侧通入三相对称电流时,由于三相定子绕组每两相之间在空间位置上相差120°电角度,所以三相定子电流在空间中产生旋转磁场,转子在旋转磁场中受到电磁力作用产生运动,此时电能转化为动能,永磁同步电机作电动机用。

4. 永磁同步电机的特点

永磁同步电机的特点主要有以下几点:

1)质量小、体积小,可显著提升车辆的动力性与续驶能力。
2)电机发热小,因此电机冷却系统结构简单、噪声小。
3)空转阻力大,且有反向电压。
4)永磁材料在高温下可能产生退磁现象。
5)成本较高。

四、开关磁阻电机

开关磁阻电机采用定子、转子双凸极结构,单边励磁,即仅定子凸极采用集中绕组励磁,而转子凸极上既无绕组也无永磁体,定子、转子均由硅钢片叠压而成;定子绕组径向相对的极串联构成一相。其总成解剖图如图2-31所示。

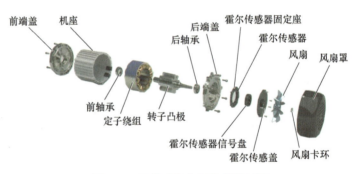

图2-31 开关磁阻电机总成解剖图

1. 开关磁阻电机的结构

(1)定子 开关磁阻电机的定子铁心通常有6到12偶数个齿极,由导磁良好的硅钢片冲制后叠成,以6/4极双凸极开关磁阻电机为例,其结构如图2-32a所示。

(2)转子 开关磁阻电机的转子铁心通常有4到8偶数个齿极,由导磁良好的硅钢片冲制后叠成,以6/4极双凸极开关磁阻电机为例,其结构如图2-32b所示。

(3)定子绕组 由于定子与转子都有凸起的齿极,这种形式也称为双凸极结构。在定子齿极上绕有线圈(定子绕组),是向电机提供工作磁场的励磁绕组。开关磁阻电机定子与转子总成结构如图2-32c所示。把径向相对的两个绕组串联成一个磁极,称为一相,该电机有三相。结合定子与转子的极数,称该电机为三相6/4结构。

转子由转子轴和转子铁心组成,转子上既没有绕组也没有永磁体。转子铁心为凸极结构,为磁场提供磁路。一般相数和极数增多,有利于减小转矩脉动,提高电机低速运行的平稳性,但会导致结构复杂、功率开关元件增多、成本增高。目前应用较多的开关磁阻电机是三相 6/4 极、12/8 极和四相 8/6 极的开关磁阻电机，如图 2-33 所示。

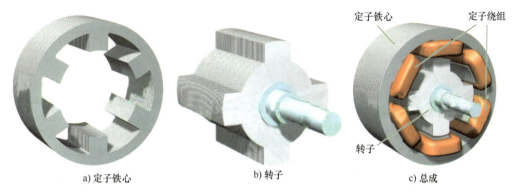

图 2-32　6/4 极开关磁阻电机的定子与转子总成

图 2-33　开关磁阻电机的常见形式

2. 开关磁阻电机的工作原理

开关磁阻电机的线圈电流通断、磁通状态直接受开关控制，它的运行遵循磁阻最小原理，即：磁通总是沿最短路径闭合，转子凸极轴线总趋向与定子产生磁通轴线对齐。当定子某相绕组通电励磁时，产生的磁场磁力线由于扭曲而引起切向磁拉力，以使相近转子凸极轴线旋转到与定子的电励磁轴线相对齐的位置，其"对齐"趋势使磁阻电机产生特有的有效电磁磁阻转矩。

以三相 6/4 极开关磁阻电机为例，U、V、W 相绕组由功率开关 VT_1、VT_2、VT_3 控制电流通断，并约定转子转动前的转角为 0°。三相 6/4 极开关磁阻电机及功率变换器如图 2-34 所示。

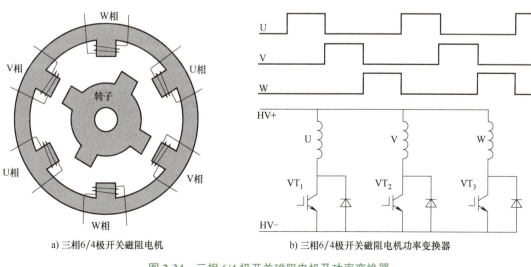

图 2-34　三相 6/4 极开关磁阻电机及功率变换器

三相 6/4 极开关磁阻电机 U 相通电如图 2-35 所示。假定定子绕组通电前转子位置如图 2-35a 所示，U 相绕组接通电源，磁力线从最近的转子齿极通过转子铁心，磁力线可看成极有弹力的线，在磁力的牵引下转子开始逆时针转动；转子转动 10°、20° 分别如图 2-35b、c 所示。磁力一直牵引转子转到 30° 为止，转子转动 30° 不再转动，此时磁路最短。

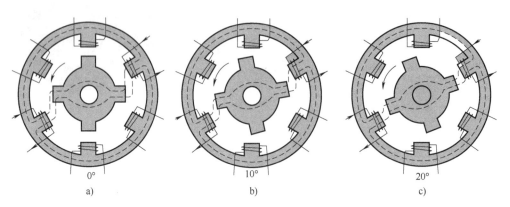

图 2-35　三相 6/4 极开关磁阻电机 U 相通电

为了使转子继续转动，在转子转到 30° 前切断 U 相电源，并在 30° 时接通 V 相电源。三相 6/4 极开关磁阻电机 V 相通电如图 2-36 所示。磁通从最近的转子齿极通过转子铁心，转子继续转动。转子转到 40°、50° 分别如图 2-36b、c 所示，磁力一直牵引转子转到 60° 为止。

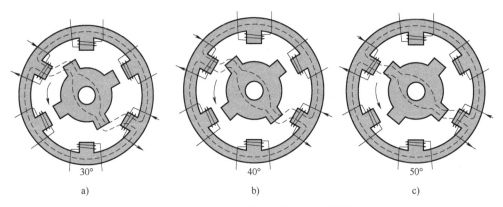

图 2-36　三相 6/4 极开关磁阻电机 V 相通电

在转子转到 60° 前切断 V 相电源，并在 60° 时接通 W 相电源，磁通从最近的转子齿极通过转子铁心。三相 6/4 极开关磁阻电机 W 相通电如图 2-37 所示。转子继续转动，转子转到 70°、80° 分别如图 2-37b、c 所示，磁力一直牵引转子转到 90° 为止。

当转子转到 90° 前切断 W 相电源，转子在 90° 的状态与前面 0° 开始时一样，重复前面过程，接通 U 相电源，转子继续转动。这样不停地重复下去，转子就会不停地旋转。开关磁阻电机的旋转速度与线圈通、断电的改变频率有关，频率越高，电机转速越高。

3. 开关磁阻电机的特点

开关磁阻电机结构和控制简单、转矩大、可靠性高、成本低、起动制动性能好、运行效率高；功率变换器电路简单；可以在宽广的速度和负载范围内运行；起动电流小、起动转矩大；容错能力强，在断相情况下仍能可靠运行。

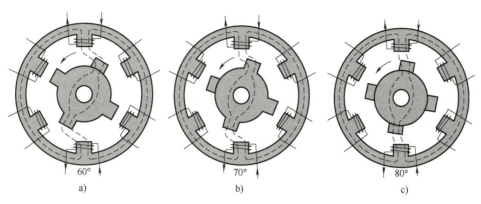

图 2-37 三相 6/4 极开关磁阻电机 W 相通电

由于电磁转矩脉动较大，振动与噪声较严重，功率开关元件关断时电机定子绕组端部及开关器件上产生较高的电压尖峰。产生振动与噪声的主要原因是当定子各相绕组依序轮流通电时，电机产生的合成转矩具有明显的脉动，另外，齿极所受径向磁拉力的变化，引起了定子铁心的变形和振动。

结构简单：电机结构简单、成本低，可用于高速运转。开关磁阻电机调速系统（SRD）的结构比笼型异步电动机简单。

电路可靠：功率电路简单可靠。因此电机转矩方向与绕组电流方向无关，即只需单方向绕组电流，故功率电路可以做到每相一个功率开关。对比之下，异步电动机绕组需流过双向电流，向其供电的 PWM 变频器功率电路每相需两个功率器件。

系统可靠性高：从电机的电磁结构上看，各相绕组和磁路相互独立，各自在一定轴角范围内产生电磁转矩。而不像在一般电机中必须在各相绕组和磁路共同作用下产生一个旋转磁场，电机才能正常运转。

五、驱动电机

驱动电机是电能与机械能之间的转化部件，并将自身的运行状态信息发送给电机控制器。电动汽车用驱动电机主要有三相交流异步电机、永磁同步电机、开关磁阻电机等。永磁同步电机以其高控制精度、高转矩密度、转矩平稳性好、宽调速范围以及低噪声等优点，在电动汽车领域得到了广泛应用。

1. 驱动电机的特点

电动汽车用驱动电机通常工作在频繁起动/停车、加速/减速等工况，低速或爬坡时要求高转矩、低转速，而高速行驶时则要求低转矩、恒功率，并要求变速范围大。因此，驱动电机应具有良好的转矩—转速特性。电动汽车对驱动电机转速与转矩的要求如图 2-38 所示。

驱动电机应经常保持在高效率范围内运转，在恒转矩区运转范围内效率应在

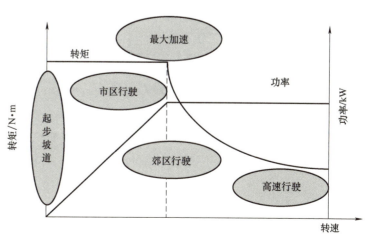

图 2-38 电动汽车对驱动电机转速与转矩的要求

75%~85%之间，在恒功率区运转范围内效率应在80%~90%之间。为适应电动汽车各种行驶工况的负载特性匹配要求，驱动电机应满足以下条件：

1）起动转矩大且过载能力强。在运行时要满足带负载起步要求，同时，在汽车起动和加速时，应有较强的短时过载能力。

2）峰值电流应小于动力蓄电池最大允许放电电流。

3）调速范围宽。当电机有较宽的调速范围时，高、低速各工况均能高效运行，并保持理想调速特性。

4）调速响应快。提高电机的动态响应性可改善行驶中可控制性能，使车辆操作更加顺畅，行驶更加稳定。

5）可靠性高。

3种驱动电机的性能比较见表2-1。

表2-1 3种驱动电机的性能比较

性能及类型	交流异步电机	永磁同步电机	开关磁阻电机
峰值转速范围/(r/min)	12000~20000	4000~10000	>15000
功率密度	中	高	较高
过载能力（%）	300~500	300左右	300~500
峰值效率（%）	94~95	95~97	90
负荷功率（%）	90~92	85~97	78~86
功率因数（%）	82~85	90~93	60~65
恒功率区	1:5	1:2.25	1:3
功率范围	大	小	很大
过载能力	好	较好	好
效率	较高	高	中
转矩电流比	一般	高	高

2. 驱动电机的主要参数

（1）额定电压 U_N（V） 电机在额定状态运行时，电机定子绕组应输入的线电压值。

（2）额定电流 I_N（A） 电机在额定电压下，电机轴上输出的机械功率为额定功率时，电机定子绕组通过的线电流值。

（3）额定转速（r/min） 电机在额定电压下，电机输出轴上输出的机械功率为额定功率时的电机的转速（r/min）。

（4）额定功率 P_N（kW） 电机在额定状态运行时输出的机械功率。

（5）峰值功率 P_{max}（kW） 电机在额定转速运行时，电机轴上输出的最大机械功率，峰值功率为额定功率的2~3倍。

（6）效率 η_N 电机输出的机械功率与输入的电功率之比，一般用百分数表示。

（7）绝缘等级 电机绕组所用的绝缘材料在使用时容许的极限温度分级。

吉利帝豪EV450驱动电机参数见表2-2。

表 2-2　吉利帝豪 EV450 驱动电机参数

项目	参数
额定电压 /V	137
额定功率 /kW	42
峰值功率 /kW	120
额定转矩 /N·m	105
峰值转矩 /N·m	250
额定转速 /(r/min)	4200
峰值转速 /(r/min)	12000
温度传感器类型	NTC
温度传感器型号	SEMITEC 13-C310
绝缘等级	180（H）
防护等级	IP67

工作手册 2.1　驱动电机的更换

一、任务目的

通过实践训练，学生应该能够借助维修手册，掌握驱动电机的常见类型、检测和故障诊断的方法；能够正确使用绝缘检测仪、毫欧表、万用表等检测工具，依据维修手册及相关资料完成驱动电机的更换任务并实施故障检测、诊断，准确填写诊断报告；按照 7S 操作规范整理场地。根据工艺流程规定，完成新能源汽车驱动系统的装配与调试，以及质量检验和处理等作业。

二、技能要求

能够借助维修手册等技术资料，选用正确的工具设备规范地完成驱动电机的更换任务，具体包括：

1. 掌握电路图和装配图的识读与分析。
2. 了解工具、物料与装配工艺。
3. 正确使用绝缘检测仪、毫欧表、万用表等检测仪器。
4. 了解扁线绕组与圆线绕组的区别。
5. 掌握绕组测量的要领。
6. 掌握驱动电机拆装要领。

三、安全事项

1. 确保学生完全在教师的指导下，在授权的范围内进行操作。
2. 禁止在不穿戴安全防护用品的情况下，接触任何车辆的高压电部件。
3. 学生应充分了解其职责范围，绝不擅自对高压电部件进行任何拆装、调整。
4. 对高压电动车辆进行功能操作时，必须确保车辆与场地处于安全状态。
5. 高压电动车辆脱离教师监控时必须全车落锁，驶离举升工位并由教师妥善保管钥匙。
6. 在任何时候都应注意自身的人身安全防护。
7. 车辆不可举升过高，举升到需要高度时，要确认保险锁销到位。
8. 工作中及完成任务后，应遵守实训场地 7S 要求。

四、信息收集

学习任务单	驱动电机的更换	班级：
		姓名：

一、电流磁效应

1. 安培力

通电导体能产生磁场，它本身也相当于一个磁体，通电导体在磁场中会受到力的作用。通电导体在磁场中受到的力称为_____。

扫一扫

感应电流的产生

扫一扫

感应电流的方向

2. 安培力的方向判断

伸开左手，使拇指与其余四指在同一个平面内并跟四指垂直，让磁力线穿入手心，使四指指向_____，这时拇指所指的方向就是通电导体所受安培力的方向。这就是判定通电导线在磁场中受力方向的_____。

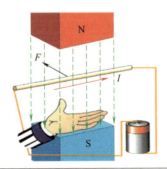

（续）

3. 安培力方向的影响因素

通电导体在磁场中受到力的方向与_____、_____有关。

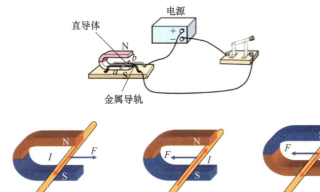

闭合开关，原来静止在磁场中的导体产生运动。

磁场方向不变，改变电流方向，磁场中导体运动方向发生了改变。

电流方向不变，改变磁场方向，磁场中导体运动方向发生了改变。

4. 安培力大小的影响因素

通电导体在磁场中受到力的大小与_____、_____、_____有关。

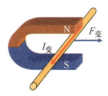 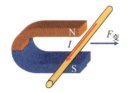 

改变电流大小，通入线圈的电流越大，在磁场中受到的力越大。

改变磁场强度，磁场强度越大，受到的力越大。

改变通电导体在磁场中的有效长度，通电导体越长，在磁场中受到的力越大。

5. 安培力的计算

（1）当电流与磁场方向垂直时　在匀强磁场中，通电导体与磁场方向垂直的情况下，导体所受安培力 F 等于磁感应强度 B、电流 I 和导线长度 L 三者的乘积，即_____。

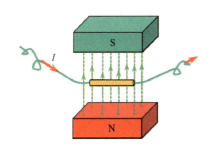 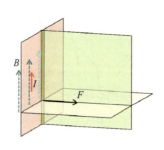

(续)

（2）当电流与磁场方向平行时 当磁感应强度 B 的方向与导体的方向平行时，导体受力为_____。

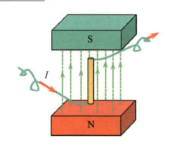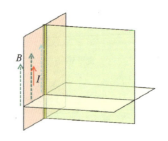

（3）当电流与磁场方向夹角为 θ 时 把磁感应强度 B 分为两个分量：$B_1=B\sin\theta$；$B_2=B\cos\theta$，平行于导体的分量 B_2 不对通电导体产生作用力，通电导体所受作用力仅由 B_1 决定，因此：_____。

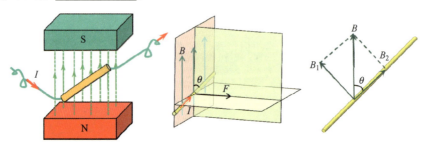

二、转矩的产生

通电的矩形线圈两条轴向边在磁场中受到安培力，但_____，这样就产生了转矩，线圈发生转动。

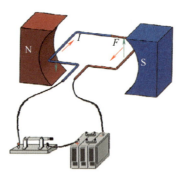

当通电线圈转动至与磁场方向垂直时，线圈的两边受平衡力作用，达到平衡位置。但是由于惯性，线圈会继续转动。当通电线圈转动离开平衡位置并与磁场方向成一定角度时，通电线圈的两边受力，但_____，线圈发生转动。

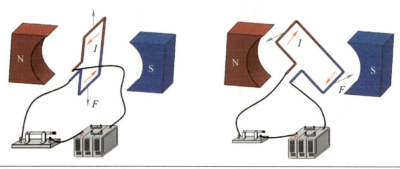

三、旋转磁场

旋转磁场是磁感应矢量在空间以固定频率旋转的一种磁场。它是电能和转动机械能之间相互转换的基本条件。

1. 旋转磁场的产生

三相对称绕组内通入对称的三相电流

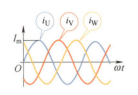
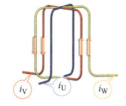

三相对称电流

$\begin{cases} i_U = I_m \sin \omega t \\ i_V = I_m \sin(\omega t - 120°) \\ i_W = I_m \sin(\omega t - 240°) \end{cases}$

$\omega t = 0°$ 时电流的流向
i_U 为 0
i_V 为负（电流流出）
i_W 为正（电流流入）

2. 旋转磁场的方向

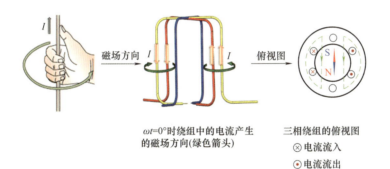

$\omega t = 0°$ 时绕组中的电流产生的磁场方向(绿色箭头)

三相绕组的俯视图
⊗ 电流流入
⊙ 电流流出
绿色箭头表示磁场方向

一个周期内不同时刻产生磁场的方向如图所示：

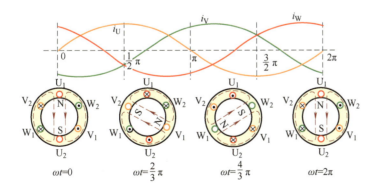

$\omega t = 0 \qquad \omega t = \dfrac{2}{3}\pi \qquad \omega t = \dfrac{4}{3}\pi \qquad \omega t = 2\pi$

综上所述，当三相对称绕组中通入三相电流后，它们共同产生的合成磁场随电流的交变而在空间内不断地旋转着，就形成了_____。这个磁场同磁极在空间旋转所起的作用是一样的。

（续）

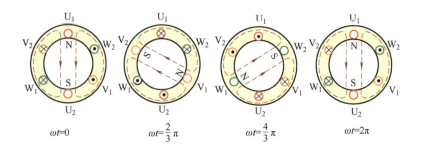

旋转磁场的方向与通入线圈的三相电流的相序有关，即转向是顺 $i_U \rightarrow i_V \rightarrow i_W$ 的相序的，只要将_____，旋转磁场的方向就随之改变。

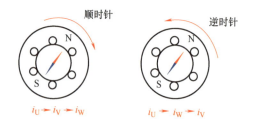

3. 旋转磁场的转速

定义旋转磁场产生的磁极的对数为极对数 p。例如三相绕组的始端之间相差 120° 空间角，则产生的磁场具有 1 对磁极，即_____。

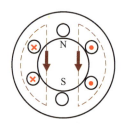

形成 1 对磁极 N-S，$p=1$

若每相绕组由两个线圈串联，绕组的始端之间相差 60° 空间角，则产生的磁场具有两对磁极，即_____。

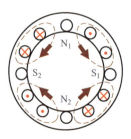

形成两对磁极 N_1-S_1、N_2-S_2，$p=2$

旋转磁场的转速决定于三相交流电的频率和磁场的极对数。n_0 表示磁场的转速，p 表示极对数，f_1 表示交流电的频率，则旋转磁场的转速为：_____（r/min）。

五、制订计划

1. 作业计划

序号	作业项目	操作要点

2. 设备清单

序号	设备名称	规格型号	数量
1	新能源汽车整车		1辆
2	汽车职业教育云服务平台 新能源汽车	ZCZC03	1套
3	数字万用表		6块
4	高压作业工具箱		
5	电流表（微安表）		6块
6	无纺布、手套、白板笔、纸等耗材		若干
计划审核	审核意见： 年　月　日　签字：		

六、任务实施

工作任务单	驱动电机的更换	班级：
		姓名：

1. 车辆断电

1）将变速杆置于 P 位。
2）拉紧驻车制动器手柄。
3）关闭起动开关。

4）将起动钥匙妥善保管。
5）使用工具断开辅助蓄电池负极连接。
6）拆卸高压维修开关并妥善保管。

扫一扫

更换驱动电机（吉利车型）

扫一扫

更换驱动电机（北汽车型）

扫一扫

更换驱动电机（比亚迪车型）

(续)

2. 车辆放电
1)放置高压作业维修标识。 2)使用放电仪在快充口处放电。 3)等待 1min 后,使用万用表测量快充口高压端子,系统电压应处于无电状态。  
3. 打开水箱盖
将毛巾盖在水箱盖上,轻轻转动水箱盖,以免烫伤。 
4. 举升车辆
1)使用举升机将车辆升到合适位置。  2)拆下下护板螺栓。 3)逆时针松开散热器冷却液排放开关,将冷却液回收。    4)降下车辆。

（续）

5. 拆卸电机控制器

1）拆卸电机控制器高压线束及固定螺栓。

2）拆卸电机控制器低压线束及固定连接。

3）拆卸车载充电机低压线束及固定连接。
4）拆卸车载充电机高压线束。

6. 拆卸空调压缩机

1）举升车辆至合适位置。
2）拆卸压缩机固定螺栓并将压缩机放至合适位置。

7. 拆卸底盘部件

1）拆卸纵梁固定螺栓并取下纵梁。

（续）

7. 拆卸底盘部件

2）回收齿轮油。

3）使用专用工具拆卸轮胎。
4）使用专用工具拆卸半轴固定螺母。

5）拆卸下支臂固定螺栓。
6）拆卸转向球头固定螺栓并取下右侧驱动半轴。

7）脱开驱动电机冷区水管。
8）断开驱动电机低压线束插接器。
9）拆卸驱动电机搭铁线束固定螺栓。

（续）

8. 拆卸驱动电机部件

1）将驱动电机插头拆下。
2）将驱动电机进、出水管拆下。

9. 拆卸驱动电机及变速器

1）拆卸后悬置软垫固定螺栓并拿出。
2）使用举升托架托住驱动电机和变速器。

3）将驱动电机以及变速器固定螺栓拆掉。
4）拆掉驱动电机以及变速器之间的固定螺栓使其分离。

（续）

10. 安装（顺序与拆卸顺序相反）

1）螺栓紧固力矩检查。
2）外观检查。
3）仪表信息检查。
4）DTC 检查。

七、职业素养

驱动电机的更换			实习日期：			
姓名：		班级：		学号：		教师签名：
自评：□熟练 □不熟练		互评：□熟练 □不熟练		师评：□合格 □不合格		
日期：		日期：		日期：		
驱动电机的更换 【评分细则】						
序号	评分项	得分条件	分值	评分要求	自评	互评	师评
1	安全 / 7S/ 态度	□ 1. 能进行工位 7S 操作 □ 2. 能进行设备和工具安全检查 □ 3. 能进行车辆安全防护操作 □ 4. 能进行人员高压安全防护操作 □ 5. 能进行三不落地操作	15	未完成 1 项扣 3 分	□熟练 □不熟练	□熟练 □不熟练	□合格 □不合格
2	专业技能能力	□ 1. 能正确地检查车辆基本状态 □ 2. 能正确地拆解设备 □ 3. 能正确地使用测量设备 □ 4. 能正确地分析设备原理 □ 5. 能正确地制订测量流程 □ 6. 能正确地找到被测点 □ 7. 能快速完成各测量点的测量 □ 8. 能正确地汇总各测量点直接阻值 □ 9. 能正确地安装设备 □ 10. 能提出合理的测量建议	50	未完成 1 项扣 5 分	□熟练 □不熟练	□熟练 □不熟练	□合格 □不合格

（续）

序号	评分项	得分条件	分值	评分要求	自评	互评	师评
3	工具及设备使用能力	□1. 能正确地使用维修工具 □2. 能正确地使用万用表等诊断设备	10	未完成1项扣5分	□熟练 □不熟练	□熟练 □不熟练	□合格 □不合格
4	资料、信息查询能力	□1. 能正确地查询车辆信息 □2. 能正确地使用维修手册查询资料 □3. 能正确地记录查询资料章节及页码 □4. 能正确地记录检查状态信息	10	未完成1项扣3分	□熟练 □不熟练	□熟练 □不熟练	□合格 □不合格
5	数据判断和分析能力	□能判断各触点阻值是否正确	10	未完成1项扣10分	□熟练 □不熟练	□熟练 □不熟练	□合格 □不合格
6	表单填写报告的撰写能力	□1. 字迹清晰 □2. 语句通顺 □3. 无错别字 □4. 无涂改 □5. 无抄袭	5	未完成1项扣1分	□熟练 □不熟练	□熟练 □不熟练	□合格 □不合格
总分：							

八、实训总结

自我反思	
自我评价	

任务二　电机的状态监控

【任务描述】

2020年10月，国务院常委会会议审议通过《新能源汽车产业发展规划（2021-2035年）》（以下简称《规划》）。在《规划》中强调了包括驱动电机与电力电子在内的"三纵三横"研发布局。前几日技师刘奇向学徒工王磊介绍了永磁同步电机的主要结构，今天上午车间接收了一辆吉利EV450事故车，初步诊断为驱动电机旋转变压器故障，刘奇委派王磊拆卸驱动电机旋转变压器，并对相关部件和线束进行拆解检查并进行详细记录。

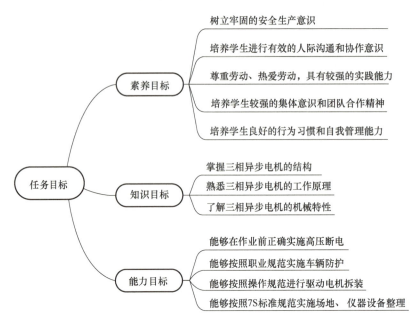

一、驱动电机的控制

驱动电机控制器（MCU）内部采用三相两电平电压源型逆变器，是驱动电机系统的控制核心，称为智能功率模块，它以IGBT（绝缘栅双极型晶体管）为核心，辅以驱动集成电路、主控集成电路。MCU对所有的输入信号进行处理，并将驱动电机控制系统运行状态信息通过CAN2.0网络发送给整车控制器（VCU）。驱动电机控制器主要依靠电流传感器、电压传感器、温度传感器来进行电机运行状态的检测，根据相应参数进行电压、电流的调整控制以及其他控制功能。

整车控制器根据加速踏板信号、制动信号、档位信号等通过CAN网络向电机控制器（MCU）发送指令，实时调节驱动电机的转矩输出，以实现整车的怠速、加速、能量回收等功能，如图2-39所示。

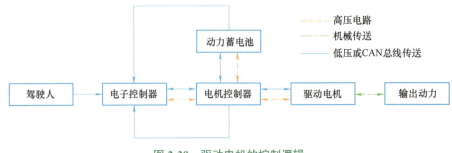

图2-39 驱动电机的控制逻辑

电动汽车驱动电机的状态可通过驱动电机试验系统开展出厂检查和型式检查。有些系统可以连带电机控制其模拟装车工况进行整机试验，对于交流异步电机，可进行表 2-3 中的测试。

表 2-3 驱动电机试验项目

序号	出厂试验标配项目	型式试验标配项目	选配项目
1	环境温度测量	出厂试验全部项目	蚀电试验
2	绝缘电阻测量	环境试验	接触电流试验
3	直流电阻测量	热试验（按城市工况及市郊工况要求运行）	峰值功率测定试验
4	工频耐压试验	电机转矩-转速及效率测定试验（负载试验）	振动试验
5	匝间耐压试验	超速试验	电压波动试验
6	堵转试验（含堵转转矩测试）	最高工作转速试验	电机控制器过载能力
7	空载试验	—	电机控制器保护功能
8	空载噪声的测定试验	—	—
9	空载振动的测定试验	—	—
10	安全接地检查试验	—	—

扫一扫

驱动电机不同档位的测量

扫一扫

驱动电机不同速度的测量

二、驱动电机波形的测量

1. 驱动电机单相波形及能量回收波形

使用示波器测量 D 位在不同时速（瞬时及恒定）下的电机参数，可据所得数据绘制 D 位给定速度下的 U 相电压波形。在同等条件下，在指定时速下测量 D 位 U 相驱动电压波形和 D 位 U 相能量回收波形，如图 2-40 所示。

2. 驱动电机三相波形

使用示波器测量 D 位在给定速度下的三相电压波形，理解恒功率控制与恒转矩控制的特点及区别。在同等条件下，在指定时速下测量 D 位和 R 位的三相电压波形，进而明确纯电动汽车倒档驱动模式下的换向策略。

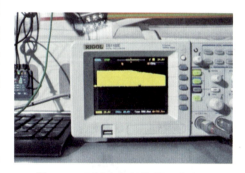

图 2-40 驱动电机的能量回收波形

扫一扫

驱动电机不同相位的测量

扫一扫

转子位置传感器相位对比测量

3. 电机控制器的状态监控

起动开关置于 ON 档，分别测量电机控制器低压正极对地电压和电机控制器低压负极对地电压。使用示波器测量并绘制正常状态下电机控制器 CAN 波形（标准波形）。

4. 传感器信号监测

（1）位置传感器 位置传感器安装在驱动电机内部，起着检测转子磁极位置、为逆变器提供正确换向信息的重要作用。位置传感器主要有电磁式（旋转变压器）、光电式（光电编码器）和磁敏式（霍尔传感器）3 种。驱动电机的转子上有一个对称的、带 8 个凸轮的脉冲信号轮。转子位置传感器包括由 30 个铁心构成的定子，其周围排列着一次绕组、正弦信号二次绕组 1 和余弦信号二次绕组 2。所有绕组都是串联连接。根据识别到的转子位置，激活相应的 U、V 和 W 相，这样转子磁场就可与定子磁场同步运转，如图 2-41 所示。

扫一扫

转子位置传感器手动旋转测量

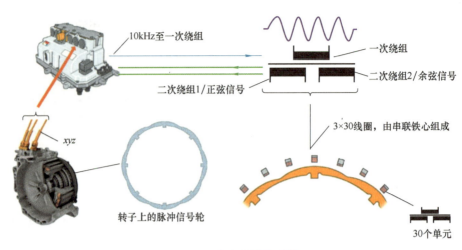

图 2-41　电机位置传感器

1）旋转变压器：旋转变压器简称旋变，是一种输出电压随转子转角变化的信号元件，电机控制器为一次绕组提供稳定的 10kHz 交流电压信号。在用于正弦信号"sin-Out"和余弦信号"cos-Out"的二次绕组中，受到一次绕组的感应，产生出相同频率（10kHz）的电压。当励磁绕组以一定频率的交流电压励磁时，输出绕组的电压幅值与转子转角成正弦、余弦函数关系，或保持某一比例关系，或在一定转角范围内与转角呈线性关系，感应电压的大小取决于转子的位置。根据二次侧信号，控制单元计算转子频率和转子位置。转子速度从转子频率计算得出，如图 2-42 所示。该信号的任何故障的发生都可能造成发动机或电机模式不能起动。

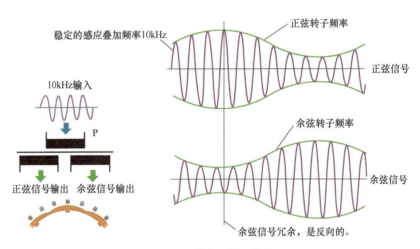

图 2-42　旋转变压器工作原理

转子位置传感器的检测：电机控制器为转子位置传感器的一次绕组提供 10kHz 的交流电压，并产生二次绕组的感应电压。检测一次绕组的电阻和信号可用于诊断故障。如果一次绕组出现中断，可在两针脚之间检测到 0.8V 左右的直流电压。

当 CAN 总线休眠时，可在两针脚之间测得约 10kΩ 的输入电阻，如图 2-43 所示。

如果二次绕组出现中断，可在针脚 17 和 24 及针脚 16 和 23 之间检测到 0.8V 左右的直流电压。当 CAN 总线休眠时，任何情况下测得的二次绕组的电阻约为 50Ω，如图 2-44 所示。

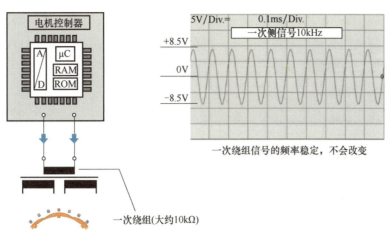

图 2-43 一次绕组的电阻和信号

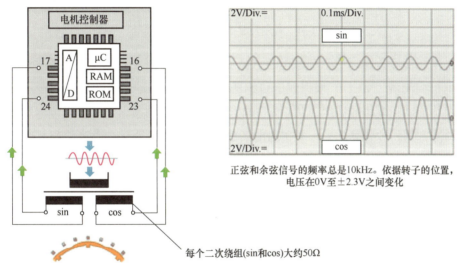

图 2-44 二次绕组的电阻和信号

2）光电编码器：光电编码器是一种通过光电转换将输出轴的机械几何位移量转换成脉冲或数字量的传感器，这是目前应用最多的编码器。光电编码器由光栅盘和光电检测装置组成。

编码器根据检测原理可以分为光学式、磁式、感应式和电容式 4 种，根据其刻度方法及信号输出形式，可以分为增量式、绝对式和混合式 3 种。光电编码器的结构组成及输入、输出波形如图 2-45 所示。

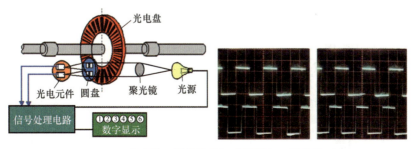

图 2-45 光电编码器的结构组成及输入、输出波形

3）霍尔传感器：霍尔传感器是一种磁传感器，以霍尔效应为工作基础，一般是由霍尔元件及其附属电路组成的集成传感器，用它可以检测磁场变化。永磁同步电机的转子为永磁体，通过霍尔传感器可以检测转子磁场的强度，确定转子的位置。

霍尔传感器输出波形为矩形脉冲，是一种数字信号，表现为具有开关特性的磁开关。霍尔传感器的组成及输出波形如图2-46所示。

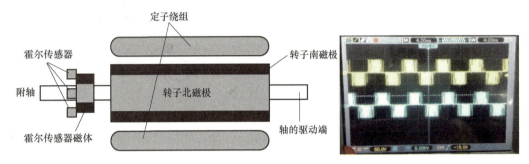

图 2-46　霍尔传感器的组成及输出波形

（2）电机温度传感器　驱动电机的主要发热源为定子绕组，温度传感器埋设于定子绕组中。电机控制器（MCU）根据温度传感器的信号监控驱动电机的实时温度，通过电机冷却装置调节驱动电机的温度，防止定子绕组温度过高。热敏电阻式温度传感器是驱动电机温度检测常用的传感器之一，有正温度系数和负温度系数两种。温度检测电路如图2-47所示。

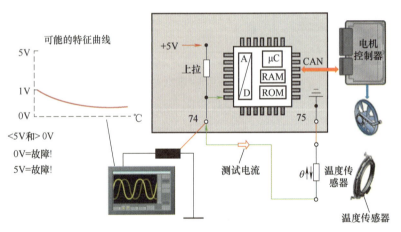

图 2-47　温度检测电路

吉利帝豪EV450驱动电机采用NTC 103NT-4型号的负温度系数传感器，热敏电阻的阻值随着温度升高而减小。

–40℃：正常电阻阻值约为（241±20）Ω；

20℃：正常电阻阻值约为（13.6±0.8）Ω；

85℃：正常电阻阻值约为（1.6±0.1）Ω。

当控制器监测到驱动电机温度传感器显示120℃≤温度<140℃时，降功率运行；温度≥140℃时，降功率至0，即停机。

当控制器监测到散热基板板温度≥85℃时，超温保护，即停机。当控制器监测到散热基板板温度为85℃≥温度≥75℃时，降功运行。

（3）加速踏板位置传感器　前进档加速控制：驾驶人挂前进档并踩加速踏板，此时档位信号和加速信号通过信号线传递给整车控制器（VCU），VCU 把驾驶人的操作意图通过 CAN 总线传递给驱动电机控制器（MCU），由驱动电机控制器（MCU）结合旋转变压器信号（转子位置），向驱动电机的定子通入三相交流电，三相电流在定子绕组的电阻上产生电压降。

倒档加速控制：当驾驶人挂倒档时，驾驶人请求信号发给 VCU，再通过 CAN 总线发送给 MCU，此时 MCU 结合当前转子位置（旋转变压器）信号，通过改变 IGBT 模块改变相位顺序，进而控制电机反转。其信号逻辑如图 2-48 所示。

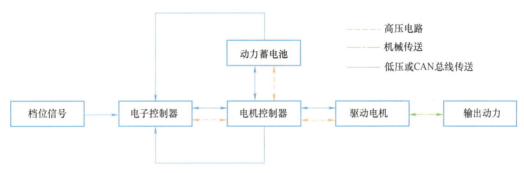

图 2-48　加速踏板位置传感器信号逻辑

工作手册 2.2　旋转变压器装配与测试

一、任务目的

通过实践训练，学生应该能够借助维修手册，掌握驱动电机旋转变压器的结构、检测和故障诊断的方法；能够正确使用绝缘检测仪、毫欧表、万用表等检测工具，依据维修手册及相关资料实施故障检测、诊断，并准确填写工作报告；按照 7S 操作规范整理场地。

二、技能要求

能够正确区分驱动电机旋转变压器类型，并借助技术资料完成旋转变压器的装配与测试任务，具体包括：

1. 掌握电路图和装配图的识读与分析。
2. 了解工具、物料与装配工艺。
3. 掌握旋转变压器的工作原理。
4. 掌握旋转变压器的测量方法。

5. 了解驱动电机传感器类型。

三、安全事项

1. 确保学生完全在教师的指导下，在授权的范围内进行操作。
2. 禁止在不穿戴安全防护用品的情况下，接触任何车辆的高压电部件。
3. 学生应充分了解其职责范围，绝不擅自对高压电部件进行任何拆装、调整。
4. 对高压电动车辆进行功能操作时，必须确保车辆与场地处于安全状态。
5. 高压电动车辆脱离教师监控时必须全车落锁，驶离举升工位并由教师妥善保管钥匙。
6. 在任何时候都应注意自身的人身安全防护。
7. 车辆不可举升过高，举升到需要高度时，要确认保险锁销到位。
8. 工作中及完成任务后，应遵守实训场地 7S 要求。

四、信息收集

学习任务单	旋转变压器装配与测试	班级：
		姓名：

1. 外形认知

_____主要作为角度、位置和转速检测元件，广泛应用在伺服控制系统中，相当于角度传感器、位置传感器或转速传感器。由于其结构简单、坚固耐用，适应振动冲击及温湿度变化等恶劣环境，成为电动汽车驱动电机角度位置测量的首选元件。

2. 结构认知

旋转变压器是一种测量用途的信号电机，是一种角度或速度传感器。旋转变压器是一种电磁感应元件，它与静止变压器的不同之处在于其一次绕组和二次绕组的相对位置可变，是可旋转的；其一次侧和二次侧的耦合程度因旋转的角度不同而不同。

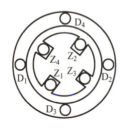

3. 电气原理图认知

下图中，S_1、S_3 为_____，S_2、S_4 为_____。R_1、R_3 为_____，R_2、R_4 为_____。

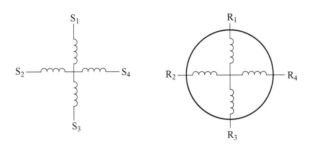

4. 信号输入特点

正余弦旋转变压器相当于一个调幅装置，励磁信号相当于载波信号，通常为 400Hz、1000Hz 或更高频率的正弦波。与转子旋转速度关联的正、余弦信号相当于调制信号，旋转变压器静止时，正、余弦绕组输出的是_____，旋转时，输出的是_____。

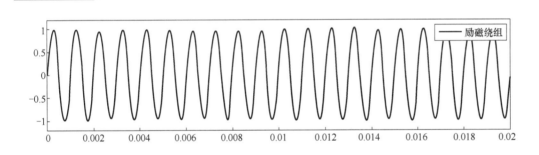

5. 信号输出特点

旋转变压器为两极，励磁频率为 1000Hz，转子以 3000r/min 转速旋转，正、余弦绕组输出为 50Hz 正弦调制波到 1000Hz 正弦载波上的调幅信号。正弦绕组和余弦绕组输出为调幅波，其包络线分别为_____和_____，包络线的频率为_____。对应转子的转速，正弦绕组和余弦绕组的幅值的比值的反、正切就是转子的转角。

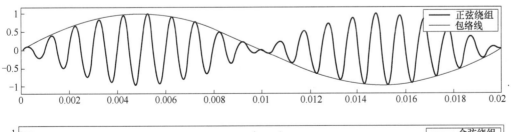

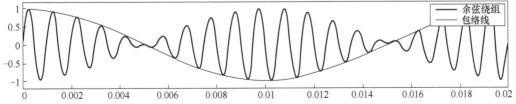

（续）

扫一扫

旋转变压器
工作原理

6. 工作原理

旋转变压器是一种电磁式传感器用来测量旋转物体的转轴角位移和角速度，由_____和_____组成。其中，定子绕组作为变压器的一次侧，接受励磁电压，励磁频率通常用400Hz、3000Hz及5000Hz等。转子绕组作为变压器的二次侧，通过电磁耦合得到感应电压。

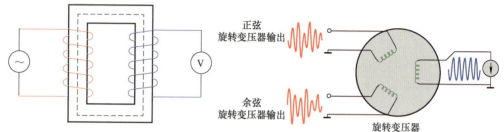

旋转变压器的工作原理与普通变压器相同，励磁绕组通正弦交流电产生交变磁场，利用转子铁心构成的磁路将交变磁场传递到正弦绕组和余弦绕组，并产生感应电动势。

由于旋转变压器的转子铁心并非圆形，正弦、余弦绕组与转子铁心的气隙大小不同，因此，正弦、余弦绕组中的感应电动势大小不同。因此，电机工作过程中，正弦、余弦绕组的感应电动势幅值会随旋转变压器转子的转动而变化。旋转变压器波形如下图所示。

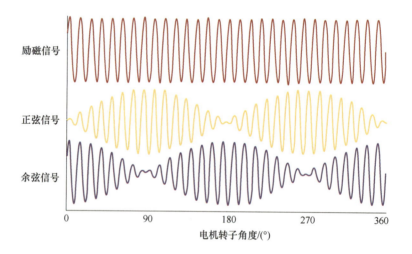

电机控制器（MCU）根据正弦、余弦包络线波形可以计算出永磁同步电机的转子位置和转速等。

吉利帝豪EV450旋转变压器参数如下：

励磁绕组参考电压：打开起动开关（置于ON档），测量插件端，约有4.7V交流电压。

正弦绕组阻值：_____。

余弦绕组阻值：_____。

励磁绕组阻值：_____。

项目二　驱动电机系统的装调与测试

五、制订计划

1. 作业计划

序号	作业项目	操作要点

2. 设备清单

序号	设备名称	规格型号	数量
1	旋转变压器转子		6
2	旋转变压器定子		6
3	后端盖盖板		6
计划审核	审核意见： 年　　月　　日　签字：		

六、任务实施

工作任务单	旋转变压器装配与测试	班级：
		姓名：

1. 旋转变压器装配与测试

扫一扫

旋转变压器装配与测试

（续）

1. 旋转变压器装配与测试

1）安装旋转变压器转子。

2）使用扭力扳手，紧固旋转变压器转子固定螺栓，紧固力矩为 5N·m。

3）安装旋转变压器定子，注意定位销位置。

4）使用扭力扳手，紧固旋转变压器定子螺栓，紧固力矩为 5N·m。

5）连接旋转变压器和温度传感器插接器。

（续）

（续）

1. 旋转变压器装配与测试

6）使用数字万用表，测量正弦绕组电阻，标准值为 35Ω±5Ω。

7）测量余弦绕组电阻，标准值为 35Ω±5Ω。

8）测量励磁绕组电阻，标准值为 20Ω±5Ω。

9）测量温度传感器电阻，标准值为 10kΩ/25℃。

10）安装后端盖盖板。

2. 检测旋转变压器

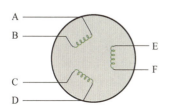

(续)

2. 检测旋转变压器

信号盘静止	信号盘低速转动
测量电阻值	测量电阻值
测量点 A-B：_____ Ω	测量点 A-B：_____ Ω
测量点 C-D：_____ Ω	测量点 C-D：_____ Ω
测量点 E-F：_____ Ω	测量点 E-F：_____ Ω

 结论

信号盘的转动对电阻值的测量（□有　□无）影响
3 组数据中哪个阻值最大（□A-B　□C-D　□E-F　□一样多）

3. 检测旋转变压器信号

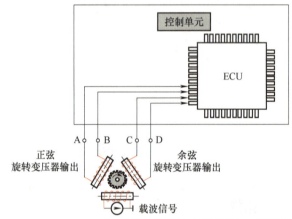

信号盘低速转动	信号盘高速转动
测量电压	测量电压
测量点 A-B：_____ V（AC）	测量点 A-B：_____ V（AC）
测量点 C-D：_____ V（AC）	测量点 C-D：_____ V（AC）

 结论

电压的频率与信号盘转速成（□正比　□反比　□不变）

七、职业素养

旋转变压器装配与测试				实习日期:			
姓名:		班级:		学号:		教师签名:	
自评：□熟练 □不熟练		互评：□熟练 □不熟练		师评：□合格 □不合格			
日期:		日期:		日期:			
检测旋转变压器装配与测试【评分细则】							
序号	评分项	得分条件		分值	评分要求	自评	互评	师评

序号	评分项	得分条件	分值	评分要求	自评	互评	师评
1	安全/7S/态度	□1. 能进行工位 7S 操作 □2. 能进行设备和工具安全检查 □3. 能进行车辆安全防护操作 □4. 能进行人员高压安全防护操作 □5. 能进行三不落地操作	15	未完成 1 项扣 3 分	□熟练 □不熟练	□熟练 □不熟练	□合格 □不合格
2	专业技能能力	□1. 能正确地检查车辆基本状态 □2. 能正确地拆解设备 □3. 能正确地使用测量设备 □4. 能正确地分析设备的工作原理 □5. 能正确地制订测量流程 □6. 能正确地找到被测点 □7. 能快速完成各点测量 □8. 能正确地汇总各测量点直接阻值 □9. 能正确地安装设备 □10. 能提出合理的测量建议	50	未完成 1 项扣 5 分	□熟练 □不熟练	□熟练 □不熟练	□合格 □不合格
3	工具及设备使用能力	□1. 能正确地使用维修工具 □2. 能正确地使用万用表等诊断设备	10	未完成 1 项扣 5 分	□熟练 □不熟练	□熟练 □不熟练	□合格 □不合格
4	资料、信息查询能力	□1. 能正确地查询车辆信息 □2. 能正确地使用维修手册查询资料 □3. 能正确地记录查询资料章节及页码 □4. 能正确地记录检查状态信息	10	未完成 1 项扣 3 分	□熟练 □不熟练	□熟练 □不熟练	□合格 □不合格
5	数据判断和分析能力	□ 能判断各触点阻值是否正确	10	未完成 1 项扣 10 分	□熟练 □不熟练	□熟练 □不熟练	□合格 □不合格
6	表单填写报告的撰写能力	□1. 字迹清晰 □2. 语句通顺 □3. 无错别字 □4. 无涂改 □5. 无抄袭	5	未完成 1 项扣 1 分	□熟练 □不熟练	□熟练 □不熟练	□合格 □不合格
总分：							

八、实训总结

自我反思	
自我评价	

任务三　能量回馈制动

【任务描述】

随着新能源汽车市场的迅猛发展，驱动电机市场空间潜力巨大，吸引了众多企业和资本的进入。整体来看，我国已经自主开发出满足各类新能源汽车需求的永磁同步电机，部分主要性能指标已达到相同功率等级的国际先进水平。新能源汽车通过能量回馈与制动控制，从而达到节约电能的目的，提高行驶里程。前几日技师刘奇向学徒工王磊介绍了驱动电机的知识，为进一步拓展王磊对电机能量回馈与制动的理解程度，刘奇要求王磊对能量回馈与制动方面的信息进行收集并在车间内做一次专题分享。

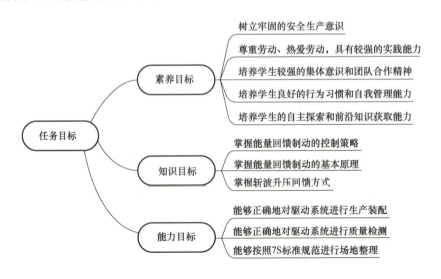

【知识储备】

一、能量回馈制动的基本原理

1. 制动能量回收

电动汽车制动时,电机作发电机运行,可使车轮制动或减速时的能量转化成电能回馈到蓄电池(向蓄电池充电),即电动机输出能量,电动机产生阻力转矩使车辆减速。由于电动机的回馈电流受蓄电池的充电电流制约,车辆制动或减速时的能量有 40%~60% 是可以回收的,其中只有 10%~20% 可转化成电能向蓄电池充电。

电动汽车能量回馈制动时会有两种情况:一是制动初期电动机转速高,产生的电动势高于蓄电池电压,采用三相整流回馈方式;二是电动机转速低,产生的电动势低于蓄电池电压,采用斩波升压回馈方式。

2. 再生制动

电动汽车电动机作发电机运行构成再生制动,使车辆动能得以回收有两种情况:一是电动车辆下坡时,电动机转子转速因阻力减小而提高,当超过最高允许转速时,转入再生制动状态;二是车辆减速时,将车辆动能转换成电能反馈到电源中去。

实现再生制动应满足两个条件:一是电动机运行在发电状态;二是发电机产生的电能(由制动能量转换而来)通过适当的电路反馈到蓄电池,即电动机产生的电压必须高于蓄电池电压。

二、三相整流回馈电路

电动汽车制动或减速时,电动机在汽车惯性拖动下按原方向继续运转,电动机处于发电机运行状态,在电枢绕组中产生感应电动势,方向与电动机输入电流的方向相反。若电动机的转速高于电动机的额定转速,则产生的感应电动势与电源电压基本相等,可采用三相整流回馈方式。

逆变驱动电路的逆变管 VT_1、VT_2、VT_3、VT_4、VT_5、VT_6 受控关闭,VD_1、VD_2、VD_3、VD_4、VD_5、VD_6 组成三相整流电路,向蓄电池回馈能量,如图 2-49 所示。

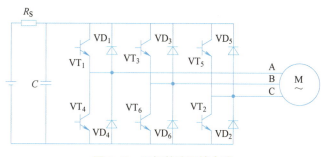

图 2-49 三相整流回馈电路

扫一扫

驱动电机制动能量回收

扫一扫

单相整流电路

扫一扫

三相整流电路的测量

三、斩波升压回馈电路

扫一扫

直流斩波电路的测量

电动汽车制动或减速时，若电动机的转速低于电动机的额定转速，则产生的感应电动势小于电源电压，电动机无法向蓄电池充电。为充分利用电动机的能量，可采用斩波升压方式提高电压，实现能量回馈。斩波升压回馈电路如图 2-50 所示。

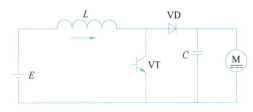

图 2-50 斩波升压回馈电路

四、能量回收需具备的条件

1）蓄电池包温度低于 5℃时能量不回收。
2）单体蓄电池电压在满电时能量不回收。
3）SOC 大于 95%、车速低于 30km/h 时没有能量回收功能。
4）能量回收及辅助制动力大小与车速和制动踏板行程相关。

工作手册 2.3 驱动系统生产装配与质量检测

一、任务目的

通过实践训练，学生应该能够借助维修手册，掌握常见类型驱动系统生产装配与质量检测和故障诊断的方法；能够正确使用绝缘检测仪、毫欧表、万用表等检测工具，依据维修手册及相关资料实施故障检测、诊断，并准确填写诊断报告；按照 7S 操作规范整理场地。根据工艺流程规定，完成新能源汽车驱动系统的装配与调试，以及质量检验和处理等作业。

二、技能要求

能够根据技术资料要求正确完成驱动系统生产装配与质量检测任务，具体包括：

1. 掌握电路图和装配图的识读与分析。
2. 了解工具、物料与装配工艺。
3. 正确使用绝缘检测仪、毫欧表、万用表等检测仪器。
4. 了解绕组测量的要领。
5. 了解绝缘器件安装要领。

三、安全事项

1. 确保学生完全在教师的指导下，在授权的范围内进行操作。
2. 禁止在不穿戴安全防护用品的情况下，接触任何车辆的高压电部件。
3. 学生应充分了解其职责范围，绝不擅自对高压电部件进行任何拆装、调整。
4. 对高压电动车辆进行功能操作时，必须确保车辆与场地处于安全状态。
5. 高压电动车辆脱离教师监控时必须全车落锁，驶离举升工位并由教师妥善保管钥匙。
6. 在任何时候都应注意自身的人身安全防护。
7. 车辆不可举升过高，举升到需要高度时，要确认保险锁销到位。
8. 工作中及完成任务后，应遵守实训场地 7S 要求。

四、信息收集

学习任务单	驱动系统生产装配与质量检测	班级： 姓名：

1. 电动汽车减速制动时，电机作_____运行。
2. _____情况下采用三相整流回馈方式。
3. _____情况下采用斩波升压回馈方式。
4. 使车辆的动能得以回收有_____、_____、_____。
5. 实现再生制动应满足_____、_____、_____、_____的条件。
6. 电动汽车能量回馈制动时会采用_____回馈方式。
7. 制动能量回馈的原则有_____、_____、_____、_____。
8. 能量回收产生的电压与车速有_____关系。
9. 车速越高产生的电压越_____。
10. _____检测电机转子位置，经过电机控制器内旋变解码器解码后，电机控制器可获知电机当前转子位置，从而控制相应的 IGBT 功率管导通，按顺序给定子 3 个线圈通电，驱动电机旋转。

(续)

11. _____的作用是检测电机绕组温度，并提供信息给MCU，再由MCU通过CAN总线传给VCU，进而控制水泵工作、水路循环、冷却电子扇工作，调节电机工作温度。

五、制订计划

1. 作业计划

序号	作业项目	操作要点
	定子装配与测试	
	转子装调与测试	
	定子、转子合装与测试	

2. 设备清单

序号	设备名称	规格型号	数量
	新能源汽车电机展示箱	BTXD0031	6套
	电机控制系统教学平台	BTXD0036	6套
	绝缘电阻测试仪		若干
	数字万用表		若干
	毫欧表		若干
	磁座百分表		若干
	高斯计		若干
	推拉力计		若干
	直流电源		若干

计划审核	审核意见：
	年　　月　　日　　签字：

六、任务实施

工作任务单	驱动系统生产装配与质量检测	班级：
		姓名：
1. 定子装配与测试		

扫一扫

定子装配与调试

1）使用毫欧表测量定子绕组三相间电阻；测量定子绕组 U-V 电阻值，标准值为 $8.8\Omega \pm 0.5m\Omega$；测量定子绕组 V-W 电阻值，标准值为 $8.8\Omega \pm 0.5m\Omega$；测量定子绕组 W-U 电阻值，标准值为 $8.8\Omega \pm 0.5m\Omega$。

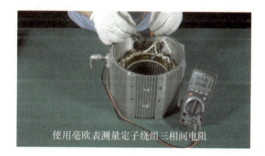

使用毫欧表测量定子绕组三相间电阻

2）使用绝缘电阻测试仪测量定子绕组绝缘电阻，标准值 $\geqslant 20M\Omega$。

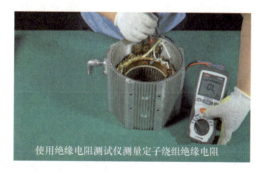

使用绝缘电阻测试仪测量定子绕组绝缘电阻

3）使用数字万用表测量温度传感器电阻，标准值为 $10k\Omega/25℃$。

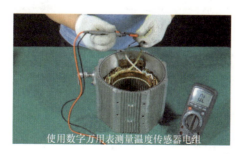

使用数字万用表测量温度传感器电阻

(续)

1. 定子装配与测试

4）安装短绝缘衬套。

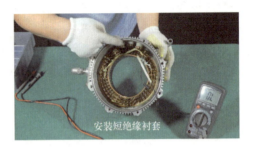
安装短绝缘衬套

5）安装防水密封圈。

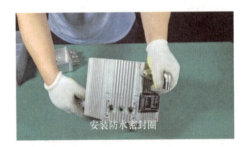
安装防水密封圈

6）安装接线盒。

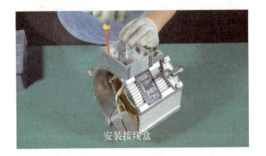
安装接线盒

7）安装长绝缘衬套。

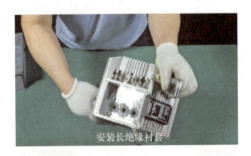
安装长绝缘衬套

8）安装绝缘板。

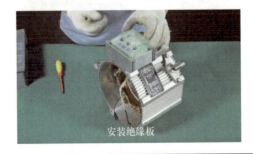
安装绝缘板

（续）

1. 定子装配与测试

9）安装三相线接柱。

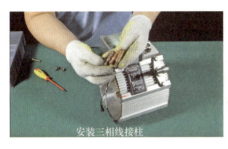
安装三相线接柱

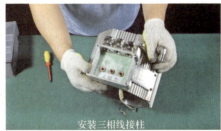
安装三相线接柱

10）使用扭力扳手以 20N·m 力矩紧固三相线接柱。

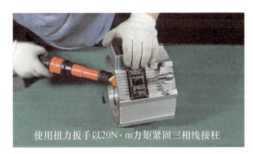
使用扭力扳手以20N·m力矩紧固三相线接柱

11）安装定子底板。

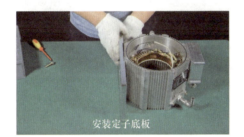
安装定子底板

12）将定子组件固定在合装机上。

将定子组件固定在合装机上

13）在固定顶针上套入后端盖。

在固定顶针上套入后端盖

(续)

1. 定子装配与测试

14）移动定子到左侧合适位置。

2. 转子装配与测试

扫一扫

转子装配与测试

1）放置转子托架。

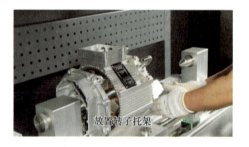

2）放置转子。

3）套入前端盖。

(续)

（续）

2. 转子装配与测试

4）操作合装机固定转子。

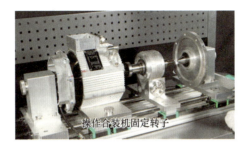

操作合装机固定转子

5）取出托架。

取出托架

6）使用高斯计测量磁场强度，标准值 >800mG。

使用高斯计测量磁场强度

7）调试磁座百分表。

调试磁座百分表

8）测量转子径向跳动量，标准值 <0.02mm。

测量转子径向跳动量

（续）

3. 定子转子合装与测试

定子转子合装与测试

1）操作合装机合装。

2）引出温度传感器导线。

3）安装后端盖螺栓。

4）安装前端盖螺栓。

（续）

3. 定子转子合装与测试

5）使用扭力扳手紧固后端盖螺栓，紧固力矩为 20N·m。

6）使用扭力扳手紧固前端盖螺栓，紧固力矩为 20N·m。

7）移动电机到合适位置。

8）安装前轴承卡簧。

9）安装前轴承油封。

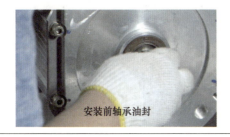

（续）

3. 定子转子合装与测试

10）调试磁座百分表。

调试磁座百分表

11）使用推拉力计测量转子径向间隙，推拉力 100 N 标准值 <1mm。

使用推拉力计测量转子径向间隙

4. 驱动电机系统装配检测

扫一扫

装调测试

1）移动电机到合适位置。
2）测量定子绕组反电动势，标准值 >AC 2V。

使用万用表交流电压档测量电机反电动势

3）安装三相电缆。

安装三相电缆

使用机力扳手紧固三相电缆螺栓，紧固力矩为10N·m

（续）

4. 驱动电机系统装配检测

4）测量三相电缆绝缘值，标准值>20MΩ。

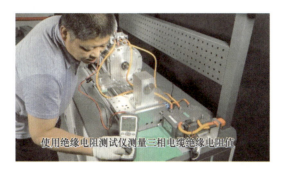

5）连接电机控制器低压线束。

6）连接电机控制器高压电源。

7）启动上位机程序。

（续）

4. 驱动电机系统装配检测

8）执行旋转变压器零位设置。

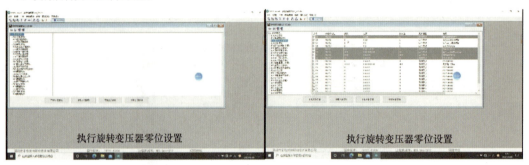

执行旋转变压器零位设置　　　　执行旋转变压器零位设置

9）采集电机运行参数。

采集电机运行参数

10）启动前进档空载试验。

启动前进档空载试验

11）调节转速旋钮调整转速。

调节转速旋钮调整转速

12）进行制动试验。

进行电机制动试验

（续）

4. 驱动电机系统装配检测

13）停止前进档空载试验。

14）启动倒档空载试验。

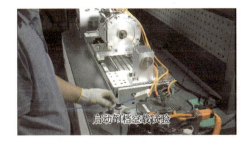

15）保存上位机数据。

16）断开上位机连接。

17）停止倒档空载试验。

（续）

4. 驱动电机系统装配检测

18）断开电机控制器高压连接。

佩戴绝缘手套断开电机控制器高压连接

19）拆下三相电缆。

拆下三相电缆

20）断开电机控制器低压线束连接。

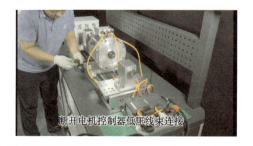

断开电机控制器低压线束连接

七、职业素养

驱动系统生产装配与质量检测			实习日期：		
姓名：	班级：		学号：		教师签名：
自评：□熟练 □不熟练	互评：□熟练 □不熟练		师评：□合格 □不合格		
日期：	日期：		日期：		
驱动系统生产装配与质量检测【评分细则】					
序号	评分项	得分条件	分值	评分要求	自评	互评	师评

序号	评分项	得分条件	分值	评分要求	自评	互评	师评
1	安全/7S/态度	□1. 能进行工位 7S 操作 □2. 能进行设备和工具安全检查 □3. 能进行车辆安全防护操作 □4. 能进行人员高压安全防护操作 □5. 能进行三不落地操作	15	未完成 1 项扣 3 分	□熟练 □不熟练	□熟练 □不熟练	□合格 □不合格

（续）

序号	评分项	得分条件	分值	评分要求	自评	互评	师评
2	专业技能能力	□ 1. 能正确地检查车辆基本状态 □ 2. 能正确地拆解设备 □ 3. 能正确地运用测量设备 □ 4. 能正确地分析设备的工作原理 □ 5. 能正确地制订测量流程 □ 6. 能正确地找到被测点 □ 7. 能快速完成各点测量 □ 8. 能正确地汇总各测量点直接阻值 □ 9. 能正确地安装设备 □ 10. 能提出合理的测量建议	50	未完成1项扣5分	□熟练 □不熟练	□熟练 □不熟练	□合格 □不合格
3	工具及设备使用能力	□ 1. 能正确地使用维修工具 □ 2. 能正确地使用万用表等诊断设备	10	未完成1项扣5分	□熟练 □不熟练	□熟练 □不熟练	□合格 □不合格
4	资料、信息查询能力	□ 1. 能正确地查询车辆信息 □ 2. 能正确地使用维修手册查询资料 □ 3. 能正确地记录查询资料章节及页码 □ 4. 能正确地记录检查状态信息	10	未完成1项扣3分	□熟练 □不熟练	□熟练 □不熟练	□合格 □不合格
5	数据判断和分析能力	□ 能判断各触点阻值是否正确	10	未完成1项扣10分	□熟练 □不熟练	□熟练 □不熟练	□合格 □不合格
6	表单填写报告的撰写能力	□ 1. 字迹清晰 □ 2. 语句通顺 □ 3. 无错别字 □ 4. 无涂改 □ 5. 无抄袭	5	未完成1项扣1分	□熟练 □不熟练	□熟练 □不熟练	□合格 □不合格

总分：

八、实训总结

自我反思	
自我评价	

任务四　电机控制器装调与测试

【任务描述】

一辆吉利帝豪EV450电动汽车，车辆能够正常上高压电和行驶；关闭起动开关，无法充电，且充电口红色故障灯亮。作为一名新能源汽车维修技工，应能正确使用诊断仪、示波器、万用表等检测工具，依据维修手册及相关资料排除故障，锤炼精益求精的匠技匠艺，并准确填写诊断报告，按照7S操作规范整理场地，经检验合格后，将诊断报告和钥匙交付前台。

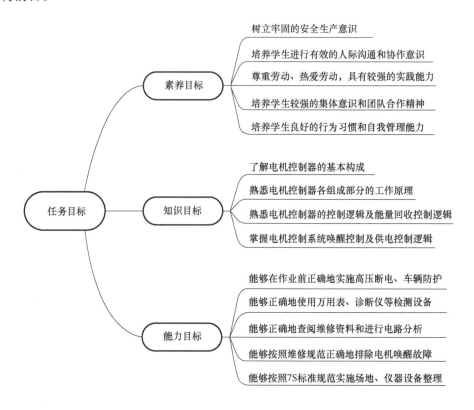

【知识储备】

一、电机控制系统组成

驱动电机控制系统是电动汽车三大核心之一，是车辆行驶的主要执行机构，其特性决定了车辆的主要性能指标，直接影响车辆动力性、经济性和用户驾乘感受。电机控制系统一般由电机控制器（MCU）、驱动电机、高压配电设备、高压线束、低压线束和相关传感器等组成。

以吉利帝豪 EV450 为例，其电机控制系统（IPU）总体组成框图如图 2-51 所示，主要包括 CAN 总线、主控单元、DC/DC 变换器、智能功率模块、低压电源、电流传感器等。

1. 主控单元

主控单元通过 PCAN 总线建立与整车控制器（VCU）和其他控制器间的通信。其主要功能如下：

（1）信号处理　接收整车控制器（VCU）发出的各种指令并响应和反馈，生成 U、V、W 三相交流电的 PWM 脉冲控制信号（12V），通过控制智能控制模块中 IGBT 的导通与截止，实时调整驱动电机的输出，以实现整车的怠速、前行、倒车、加速、减速、能量回收及驻坡等功能。

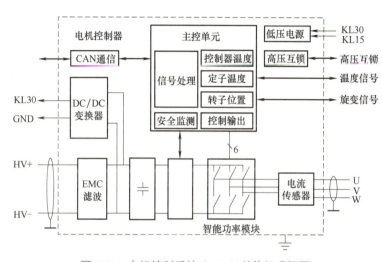

图 2-51　电机控制系统（IPU）总体组成框图

（2）检测诊断　实时检测电机控制系统运行参数，如电机温度、控制器温度、旋变信号、高压互锁信号等，并根据运行参数进行诊断分析。当诊断出异常时，它会激活一个错误代码，通过 PCAN 总线发送给 VCU。

（3）安全监测　实时检测动力蓄电池直流母线的电压、电流、绝缘电阻等参数，并进行诊断分析。当诊断出异常时，它会激活一个错误代码，通过 PCAN 总线发送给 VCU，保障系统安全运行。

2. DC/DC 变换器

DC/DC 变换器可实现直流高压（动力蓄电池电压）向直流低压（13~14V）的能量传递，一方面为辅助蓄电池（12V）充电，另一方面为整车低压电气设备提供电源，如灯光、仪表、刮水器、音响等。

DC/DC 电压变换工作原理如图 2-52 所示，变换电路由开关 S、续流二极管 VD、储能电感 L 及滤波电容 C 等构成，其工作过程是通过调整开关 S 闭合与断开时间（即 PWM 脉冲占空比）控制高压直流电输出电压的大小。

当开关闭合时，电源通过开关 S、电感 L 给负载供电，并将电能储存在电感 L 以及电容 C 中，续流二极管 VD 截止，如图 2-53 所示。由于电感 L 电流不能突变，在开关接通后电流逐渐增大，输出电压不能立刻达到电源电压值，电感 L 两端的电压为（$V_i - V_o$），此

扫一扫

DC/DC 降压电路

时电感 L 由电压（V_i-V_o）励磁，电感增加的磁通为（V_i-V_o）T_{on}，其中 T_{on} 为开关 S 闭合时间。

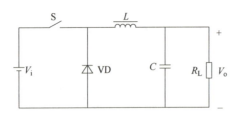

图 2-52　DC/DC 电压变换工作原理

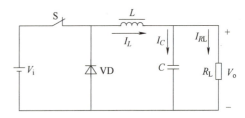

图 2-53　开关 S 闭合时的电流方向

当开关断开时，由于电感 L 电流不能突变，电感电流方向保持不变，这时电容处于放电状态，电流方向与开关闭合时相反，负载中的电流保持不变。续流二极管 VD 正向导通，从而形成闭合回路。开关 S 断开时电流方向如图 2-54 所示。开关断开时，电感削磁，电感减少的磁通量为 $V_o T_{off}$，其中 T_{off} 为开关 S 断开时间。

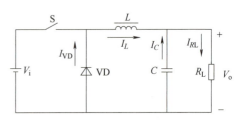

图 2-54　开关 S 断开时的电流方向

DC/DC 变换器正常工作时，根据能量守恒原则，开关闭合状态下线圈增加的磁通量与开关断开状态下减少的磁通量相等，所以有（V_i-V_o）$T_{on}=V_o T_{off}$，即 $V_o=T_{on}V_i/(T_{on}+T_{off})=\sigma V_i$，实现了从高压直流电压向低压直流电压转换。其中，$\sigma \leq 1$，称为开关 S 的占空比。

3. 智能功率模块

智能功率模块又称为逆变器，接受主控单元输出的 PWM 脉冲信号控制，由 IGBT 模块将高压直流电转化为 U、V、W 三相高压驱动信号，驱动电机工作。因此，智能功率模块的核心器件是 IGBT。

（1）IGBT　IGBT（绝缘栅双极型晶体管）是由双极型晶体管（BJT）和绝缘栅型场效应晶体管（MOS）复合构成的电压驱动型功率半导体器件，如图 2-55 所示。其特点是高输入阻抗、低导通压降、载流密度大、开关速度快，广泛应用于变频器、开关电源、照明电路、牵引传动等电子电气领域。IGBT 模块如图 2-56 所示，它由绝缘栅双极型晶体管与续流二极管桥接封装而成，具有安装维修方便、散热稳定等优点。

图 2-55　电压驱动型功率半导体器件　　图 2-56　IGBT 模块

IGBT 是电压控制器件，当控制端信号为高电平时，IGBT 处于导通状态，导通电阻为几 mΩ。当控制端信号为低电平时，IGBT 处于截止状态，截止电阻为几十到几百 MΩ，可以看成无穷大。无论 IGBT 处于导通状态还是截止状态，功耗均近似为零。在控制端脉冲信号的上升沿和下降沿，IGBT 处于截止和导通之间的转换，电阻不再是 0Ω 或无穷大，这时功耗急剧增大，IGBT 功耗主要产生于脉冲高低电平转换时刻，因此对于电动汽车，行驶速度越高，三相交流电的频率越高，电机控制器的发热越厉害。

（2）续流二极管　如果 IGBT 驱动的是感性负载，如驱动电机定子线圈，需要为线圈反向连接一个续流二极管。当 IGBT 由导通状态转为截止状态时，可泄放线圈中存储的磁场能。

根据线圈电流与电压的关系：$u=L\dfrac{\mathrm{d}i}{\mathrm{d}t}$，如果没有续流二极管，那么当 IGBT 由导通状态转为截止状态时，线圈两端会产生非常高的反电动势，导致 IGBT 被反向击穿。线圈反向连接续流二极管后，线圈的反电动势使得续流二极管正向导通，并与线圈形成回路，磁场能被续流二极管内阻及线圈电阻消耗。

（3）超级电容　智能功率模块中，动力蓄电池正、负极直流母线之间并联有超级电容。车辆起动或加速超车时，利用超级电容能够进行大电流放电的特性，为驱动电机提供大电流，弥补动力蓄电池不适合大电流放电的不足，从而保持电机电压稳定、提升车辆动力性，对动力蓄电池起到一定的保护作用。

超级电容是一个储能元件，为了车辆使用安全，关闭起动开关后需要一个放电回路来泄放超级电容中存储的电能。超级电容及其放电电路如图 2-57 所示。上电时，开关断开；下电时，开关闭合，超级电容通过电阻进行放电，一般可认为 $3\tau\sim5\tau$ 放电结束，其中 $\tau=R_0C$。因此，执行下高压电操作时，断开辅助蓄电池负极后需要一个等待时间，保证超级电容完成放电；同时，需要用万用表检测电机控制器（MCU）侧的动力蓄电池正、负极直流母线之间的电压，对超级电容的放电情况进行确认。

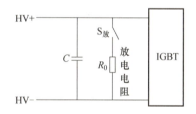

图 2-57　超级电容及其放电电路

（4）上电控制　因为动力蓄电池正、负极直流母线之间接有超级电容，所以车辆上电控制中设计有预充电路。电动汽车上电电路如图 2-58 所示。

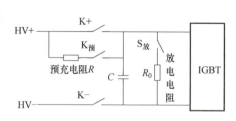

图 2-58　电动汽车上电电路

根据电容上电压与电流的关系：$i_C=C\dfrac{\mathrm{d}u_C}{\mathrm{d}t}$，假如没有预充电阻 R，当动力蓄电池正极接触器（K+）、负极接触器（K-）闭合时，电容电压变化量 $\mathrm{d}u_C$ 等于动力蓄电池电压，而 K+、K- 由断开到闭合的时间变化量 $\mathrm{d}t$ 很短，因此会产生很大的上电电流，从而对动力蓄电池产生很大冲击。

增加预充电路后，上电控制逻辑为：先闭合 K-，再闭合预充接触器 $K_\text{预}$，这时动力蓄电池母线电压经历一个超级电容充电过程，电压呈逐渐上升趋势，如图 2-59 所示。当超级电容两端电压上升到动力蓄电池电压的 95% 时（即充电时间为 3τ 时的超级电容电压），

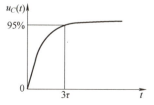

图 2-59　电动汽车上电电压变化曲线

闭合 K+，然后断开 K预，由此避免了上电电流太大对动力蓄电池造成的冲击。

4. 电流传感器

电流传感器用于车辆起动、运行、充电等工况中进行电流调节、导通角控制，检测功率变换部件和电路是否存在过电流、欠电流等故障，以便对相关部件进行控制和保护。常用的电流检测方法有电阻采样法和霍尔传感器法。

（1）**电阻采样法** 采样电阻又称为分流器。电阻采样法利用大功率精密电阻来进行电流采样，通过运放电路输入到检测控制单元。采样电阻及采样电路如图 2-60 所示。随着精密电阻的发展，温漂越来越小，电阻采样法逐渐在汽车工业中占据比例越来越大。

（2）**霍尔传感器法** 从霍尔元件控制电流端通入电流 I，在霍尔元件平面的法线方向施加磁感应强度为 B 的磁场，则在垂直于电流 I 和磁场 B 方向上，将产生一个电动势 U_H（称为霍尔电动势），$U_H \propto IB$，这种现象称为霍尔效应，如图 2-61 所示。

图 2-60 采样电阻及采样电路　　　　图 2-61 霍尔效应

霍尔传感器原理图如图 2-62 所示，被测量电路电流 I_P（一次电流）产生的磁场被磁环聚集作用到霍尔元件产生感应电动势，驱动功率器件导通，产生补偿电流 I_S 和检测电压。补偿电流 I_S 产生的磁场与被测电流 I_P 产生的磁场相反，抵消了原来的磁场，使霍尔传感器输出逐渐减小。当磁场完全抵消时，I_S 不再增加，这时检测单元通过测量电阻 R_m 的电压得出被测电流大小。

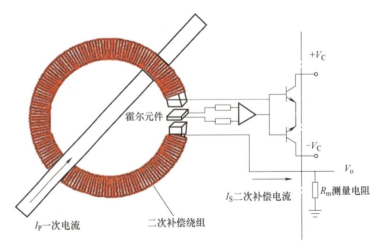

图 2-62 霍尔传感器原理图

霍尔传感器具有能测量大电流、功率耗散小等优点，缺点是测量小电流要求使用大偏置电压，这会引起误差；易受外部磁场的影响，对静电（ESD）敏感；成本高，体积大。霍尔传感器如图 2-63 所示。

二、电机控制系统工作原理

电机控制系统是整车高压用电的主要设备,其安全性、控制合理性尤为重要,在整车高压上电过程中,VCU 必须查询及接收到电机控制系统性能正常的信息后,才会对高压上电进行控制。如果电机控制系统性能异常,VCU 将启动保护功能,停止高压上电流程,防止事故发生。

1. 电机控制系统工作条件

1)高压电源输入正常,绝缘电阻满足标准要求,一般大于 20MΩ。

2)辅助蓄电池电源(12V)供电正常,不能超出 9~16V 的电压范围。

图 2-63 霍尔传感器

3)与整车控制器(VCU)通信正常。

4)电容放电正常。

5)旋转变压器信号正常。

6)三相交流输出电路正常,绝缘电阻满足标准要求,一般大于 20MΩ。

7)电机及电机控制器温度正常。

8)电机控制系统的开盖保持开关信号正常。

2. 驱动电机控制电路

驱动电机控制是将高压直流电转化为驱动电机工作所需要的三相交流电,又称逆变电路,即电机控制系统框图中的智能功率模块。电机控制电路框图如图 2-64 所示,其中,$IGBT_1$~$IGBT_6$ 是 6 个 MOSFET 功率开关管。

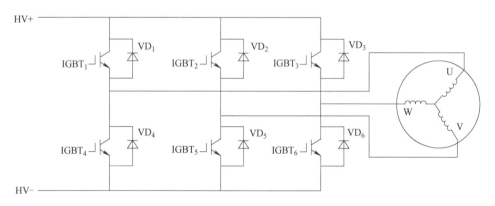

图 2-64 电机控制电路框图

扫一扫

逆变电路的测量

驱动电机工作过程中,控制系统通过旋转变压器实时检测驱动电机的转子位置,根据转子位置依次接通 2 个或 3 个驱动功率管,给驱动电机定子绕组按顺序提供工作电流,实现各相绕组电流换相。IGBT 电压波形如图 2-65 所示。

3. 驱动电机控制过程

工作过程中根据驱动电机转子位置的变化,不同的时间段里导通和截止的 IGBT 功率开关管不同,流经驱动电机的电流大小及方向不同。由于 IGBT 功率开关管只有导通和截止两种工作状态,因此换相过程中,定子各相绕组在工作气隙内形成的旋转磁场是跳跃式的，各相绕组电流是阶跃式的，不同于模拟信号中的正弦交流电，但是总体形状具备正弦交流电的特征。三相定子绕组电流波形如图 2-66 所示，从图中可以看出，U、V、W 三相绕组电流大小相等、相位相差 120°，满足对称性。

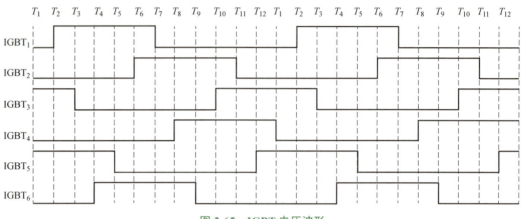

图 2-65　IGBT 电压波形

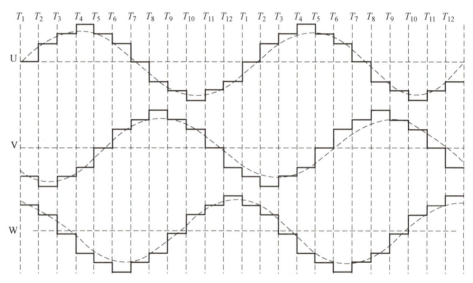

图 2-66　三相定子绕组电流波形

4. 制动能量回收

在车辆制动、滑行过程中，电机控制器不再为驱动电机的定子绕组提供三相交流电流。电机转子在车辆行驶惯性的驱动下仍保持旋转，转子上永磁体的磁场切割定子绕组，在定子绕组中产生感应电动势，驱动电机转化为发电机，电机轴上的转矩变成了制动转矩，使电机的转速迅速下降，电机处于再生制动状态。

当驱动电机工作于发电状态时，利用主控单元的控制信号将上半桥的 IGBT$_1$~IGBT$_3$ 关闭，下半桥的 IGBT$_4$~IGBT$_6$ 按一定规律进行 PWM 控制。能量回收时 IGBT 控制波形如图 2-67 所示。

这时，下半桥的 IGBT$_4$~IGBT$_6$ 与上半桥续流二极管构成半控型整流电路。电机再生的电能经续流二极管全波整流后反馈到直流电路，控制器中的超级电容、定子绕组电感形成滤波与泵升电压电路，提升整流后的直流电压，对动力蓄电池进行充电，实现能量回收。

为了便于说明问题，下面以 IGBT$_4$ 导通和截止时电流回路为例，取 PWM 的一个脉冲周期 T 进行分析。

（1）IGBT$_4$ 导通 IGBT$_4$ 导通电流回路如图 2-68 所示，这时，电流流经 U 相→ IGBT$_4$ → VD$_5$ → V 相→ U 相形成回路，U 相绕组和 V 相绕组进行储能。

（2）IGBT$_4$ 截止 IGBT$_4$ 截止电流回路如图 2-69 所示，电流流经 U 相→ VD$_1$ →动力蓄电池→ VD$_5$ → V 相→ U 相形成回路。续流二极管 VD$_1$ 导通，超级电容与 U 相绕组和 V 相绕组形成滤

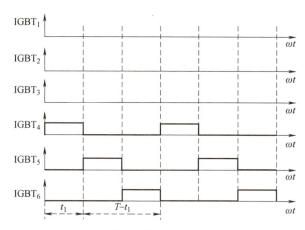

图 2-67 能量回收时 IGBT 控制波形

波与泵升电压电路，并对动力蓄电池进行充电。通过控制 IGBT$_4$ 的 PWM 占空比，调整 U_{AC} 电压大小，满足 U_{AC} 电压不超过动力蓄电池允许的最高充电电压。

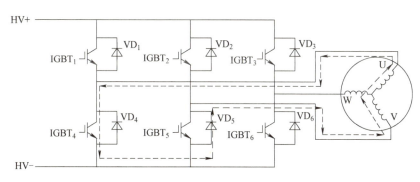

图 2-68 IGBT$_4$ 导通电流回路

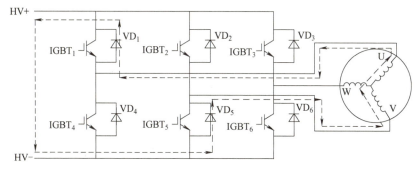

图 2-69 IGBT$_4$ 截止电流回路

（3）IGBT$_5$ 导通与截止 IGBT$_5$ 导通时，电流流经 V 相→ IGBT$_5$ → VD$_6$ → W 相→ V 相形成回路，V 相绕组和 W 相绕组进行储能。

IGBT$_5$ 截止，电流流经 V 相→ VD$_2$ →动力蓄电池→ VD$_6$ → W 相→ V 相形成回路。续流二极管 VD$_2$ 导通，超级电容与 V 相绕组和 W 相绕组形成滤波与泵升电压电路。

（4）IGBT$_6$ 导通与截止 IGBT$_6$ 导通时，电流流经 W 相→ IGBT$_6$ → VD$_4$ → U 相→ W 相形成回路，W 相绕组和 U 相绕组进行储能。

IGBT$_6$ 截止，电流流经 W 相→ VD$_3$ →动力蓄电池→ VD$_4$ → U 相→ W 相形成回路。

续流二极管 VD₃ 导通，超级电容与 W 相绕组和 U 相绕组形成滤波与泵升电压电路。

5. 电机控制系统供电

吉利帝豪 EV450 的电机控制器有两路供电电源，一路为辅助蓄电池正极电源通过熔丝 EF32（7.5A）接 IPU 的端子 BV11/26，为电机控制器提供常火电源，EF32（7.5A）位于前机舱熔丝继电器盒内。另一路为 IG2 继电器的输出电源通过熔丝 IF18（10A）接 IPU 的端子 BV11/25，为电机控制器提供起动开关电源，IF18（10A）位于室内熔丝继电器盒内。吉利帝豪 EV450 电机控制器供电电路如图 2-70 所示。

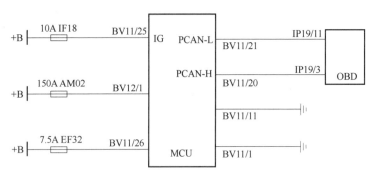

图 2-70　吉利帝豪 EV450 电机控制器供电电路

吉利 EV 系列电动汽车的电机控制系统（IPU）集成了电机控制器（MCU）与 DC/DC 变换器。DC/DC 变换器 /MCU 既要参与打开起动开关后的工作及 CAN 通信，还要满足车辆关闭起动开关进行充电时，DC/DC 变换器 /MCU 工作及 CAN 通信的需求，+B 电源的作用就是保证在这两个状态下 IPU 能正常启动和 CAN 通信。如果 +B 电源出现故障，将导致 IPU 启动及 CAN 通信失败，致使整车高压上电失败。

6. 电机控制系统唤醒

车辆在充电过程中需要禁止车辆移动，连接充电枪后，车载充电机（OBC）启动充电模式并唤醒总线，VCU 被总线唤醒并接收到启动充电模式后，通过专用导线（即端子 CA66/16）发送幅值为 +B 的唤醒信号至 MCU 的端子 BV11/14，MCU 接收到唤醒信号后将启动驱动电机禁行模式，并通过 PCAN 总线将禁行信号发送至 OBC 及 VCU，OBC 和 VCU 接收到驱动电机已被禁行的信号后，才能启动充电模式。如果该禁行信号或禁行信号传输电路出现异常，将导致车辆无法充电，充电口红色故障指示灯被 OBC 激活亮起。MCU 唤醒控制电路原理图如图 2-71 所示。

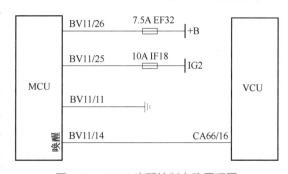

图 2-71　MCU 唤醒控制电路原理图

当打开起动开关至 ON 档或连接充电枪时，VCU 通过端子 CA66/16 输出 +B 信号至 MCU 的端子 BV11/14，IPU 内部检测到此端子上的 +B 信号后，激活唤醒。此信号对于 IPU 有两个作用：

1）打开起动开关至 ON 档时，MCU 检测到此信号，同时通过端子 BV11/25 检测到起动开关的 IG 信号，MCU 判定起动开关已打开，车辆进入起动运行状态信号，IPU 进入车辆启动运行模式。

2）连接充电枪至车辆充电口，OBC 和 VCU 启动充电模式，VCU 通过端子 CA66/16 输出 +B 电压信号，MCU 检测此信号，如果由于起动开关关闭，MCU 端子 BV11/25 电压为 0V，MCU 根据这两个信号判定此时起动开关没有打开，于是车辆进入充电模式，IPU 启动车辆禁止运行模式，车辆行驶功能被限制。

【案例】 电机控制器充电唤醒故障

客户描述：车辆能够正常上高压电和行驶；关闭起动开关，无法充电，且充电口红色故障灯亮，如图 2-72 所示；将起动开关打到 ON 档，能够正常充电。

图 2-72 案例的仪表信息

1. 现象分析

车辆能够正常上高压电和行驶，说明动力蓄电池状态与蓄电池管理系统（BMS）、驱动电机与电机控制器（MCU）、整车控制器（VCU）、CAN 通信电路、高压互锁、高压绝缘、DC/DC 控制、动力合成箱控制器（TCU）、电子稳定控制系统（ESC）、电子驻车系统（EPB）、电子变速杆等检测正常。打开起动开关能够正常充电，说明充电枪连接、车载充电机（OBC）及通信均正常。

从车辆使用安全方面考虑，车辆充电过程中应禁止车辆移动，即 MCU 需要启动禁行模式，并把启动禁行模式信息发送给车载充电机（OBC）和整车控制器（VCU），OBC 和 VCU 接收到该信息后才能启动充电。因此，初步判断故障原因为电机控制器充电唤醒电路存在故障。

2. 原理简介

电机控制器（MCU）唤醒控制电路如图 2-73 所示。

连接充电枪后，车载充电机（OBC）启动充电模式，并唤醒 PCAN 总线。PCAN 总线唤醒整车控制器（VCU），接收充电模式。从使用安全来说，充电过程中需要禁止车辆移动，这时车辆尚不能充电。VCU 通过 MCU 唤醒电路唤醒电机控制器，电机控制器启动禁行模式，并通过 PCAN 发送到 OBC 和 VCU，OBC 和 VCU 接收禁行信号后启动充电模式。如果禁行信号或禁行信号电路出现故障，在关闭起动开关进行充电时，电机控制器无法被唤醒，也就无法发送禁行模式，导致车辆无法充电，充电口红色故障指示灯被 OBC 激活亮起。

3. 故障诊断过程

（1）连接诊断仪　连接诊断仪到 OBD 接口，踩制动踏板并保持，打开起动开关，使用诊断仪与 VCU、OBC、MCU、BMS 等部件通信，均没有故障码。因此，可能的故障为电机控制器唤醒电路故障。

（2）电机控制器唤醒电路检测

1）操作起动开关使电源模式至 OFF 状态。

2）断开辅助蓄电池负极电缆。

3）断开电机控制器线束插接器 BV11。

4）断开整车控制器线束插接器 CA66。

5）从线束端用万用表测量，按照表 2-4 进行 MCU 唤醒线束检测。

6）确认测量值是否符合标准。如果不符合标准，则维修或更换线束。如果符合标准，则进一步查找其他原因。

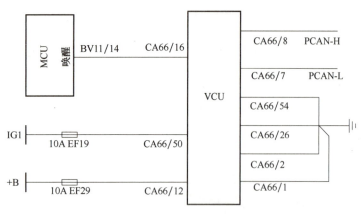

图 2-73　电机控制器（MCU）唤醒控制电路

表 2-4　MCU唤醒线束检测

测量位置 A	测量位置 B	物理量	标准值	检测目的
BV11/14	CA66/16	电阻	标准电阻：<1Ω	唤醒电路是否正常
BV11/14	车身搭铁	电阻	标准电阻：>10kΩ	唤醒电路与搭铁之间是否正常

4. 故障机理

电路故障导致 VCU 无法通过 MCU 唤醒电路唤醒电机控制器，电机控制器无法启动禁行模式，导致 OBC 和 VCU 接收不到充电禁行信号，故车辆无法充电。

工作手册 2.4　电机控制器整车装配与质量检测

一、任务目的

通过实践训练，学生应该能够借助维修手册，掌握电机控制器整车装配与质量检测的方法；能够正确使用绝缘检测仪、毫欧表、万用表等检测工具，依据维修手册及相关资料实施故障检测、诊断，并准确填写维修报告；按照 7S 操作规范整理场地。

二、技能要求

能够借助维修手册等技术资料，选用正确的工具设备规范地完成电机控制器整车装配与质量检测任务，具体包括：

1. 掌握电路图和装配图的识读与分析。

2. 了解工具、物料与装配工艺。

3. 掌握电机控制器整车装配与质量检测方法。
4. 具有电机控制器相关故障诊断分析能力。

三、安全事项

1. 确保学生完全在教师的指导下，在授权的范围内进行操作。
2. 禁止在不穿戴安全防护用品的情况下，接触任何车辆的高压电部件。
3. 学生应充分了解其职责范围，绝不擅自对高压电部件进行任何拆装调整。
4. 对高压电动车辆进行功能操作时，必须确保车辆与场地处于安全状态。
5. 高压电动车辆脱离教师监控时必须全车落锁，驶离举升工位并由教师妥善保管钥匙。
6. 在任何时候都应注意自身的人身安全防护。
7. 车辆不可举升过高，举升到需要高度时，要确认保险锁销到位。
8. 工作中及完成任务后，应遵守实训场地 7S 要求。

四、信息收集

学习任务单	电机控制器整车装配与质量检测	班级： 姓名：

1. 电机控制器介绍

电机控制器安装在_____，采用 CAN 通信控制，控制着动力蓄电池组到电机之间能量的传输，同时采集电机位置信号和_____信号，精确地控制驱动电机运行。

写出下图中部件的名称：①_____、②_____、③_____、④_____。

电机控制器是一个既能将动力蓄电池中的直流电转换为交流电以驱动电机，又能将车轮旋转的动能转换为电能（交流电转换为直流电）给动力蓄电池充电的设备。车辆制动或滑行阶段，电机作为_____应用。它可以完成由车轮旋转的动能到电能的转换，给蓄电池充电。DC/DC 变换器集成在电机控制器内部，其功能是将动力蓄电池的高压电转换成低压电，提供整车_____。

（续）

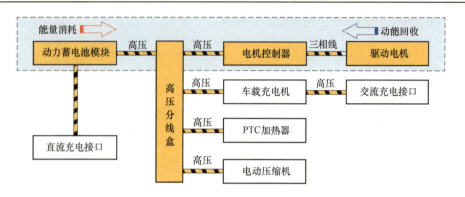

2. 填写电机控制器插头定义

写出下图中部件的名称：①_____、②_____、③_____、④_____、⑤_____。

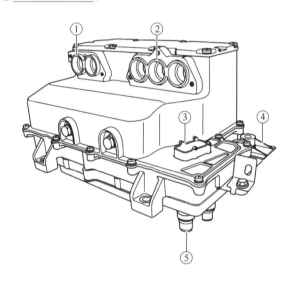

3. 电机控制器电气原理示意图

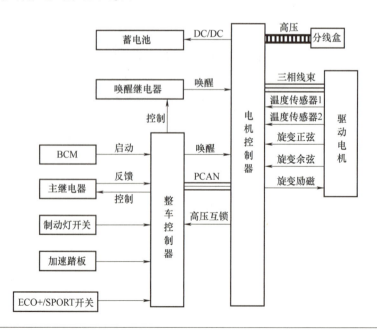

项目二　驱动电机系统的装调与测试

（续）

对照下图填写电机控制器高压插头针脚含义：

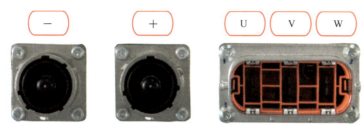

插接件名称	端子号	针脚号	功能定义
电机控制器交流输出	U		
	V		
	W		
H1c	+		
H1d	−		

五、制订计划

1. 作业计划

序号	作业项目	操作要点

2. 设备清单

序号	设备名称	规格型号	数量
1	装备双柱式或地埋式双柱举升机和电动汽车		1辆
2	维修手册（或装配工艺流程图）		1套
3	数字万用表、绝缘电阻表、接地电阻仪、故障诊断仪、万用接线盒、充电桩（或随车充电枪）		各1台
4	常用绝缘拆装工具		1套
5	警示牌、灭火器、人员和工位防护套装		各1套

六、任务实施

工作任务单	电机控制器整车装配与质量检测		班级：
			姓名：
1. 高压系统断电			
填写车辆信息	车辆 VIN		
	品牌		
	驱动电机型号		
	前机舱插头连接情况		□正常 □异常
绝缘防护手套	耐压等级		
为高压下电做准备	高压电池的 SOC		
	READY 指示灯（断开维修开关前）		□亮 □不亮 □先亮后熄灭
	READY 指示灯（断开维修开关后）		□亮 □不亮 □先亮后熄灭
	故障码查询（清除故障码后再次读取）： □无 DTC □有 DTC 码：		
仪表选择和验电操作	1）填写使用的仪表型号： 2）对高压检测点进行 live-dead-live 测试并记录结果： a. 第一次测量结果：＿＿＿＿＿＿＿＿ b. 高压检测点测量结果：＿＿＿＿＿＿＿＿ c. 第二次测量结果：＿＿＿＿＿＿＿＿ d. 高压系统电压是否低于 1V，是否安全？＿＿＿＿＿＿＿＿		
2. 数据记录			
高压切断电压	电机控制器 HV+ 与 HV− 电压	实测值 /V	
电机控制器三相线束插座绝缘性	绝缘测试仪选择	仪表型号	
		电压等级 /V	
	端子 1 对电机控制器壳体绝缘电阻	实测值 /MΩ	
	端子 2 对电机控制器壳体绝缘电阻	实测值 /MΩ	
	端子 3 对电机控制器壳体绝缘电阻	实测值 /MΩ	
电机控制器直流母线插座绝缘性	HV+ 对电机控制器壳体绝缘电阻	实测值 /MΩ	
	HV− 对电机控制器壳体绝缘电阻	实测值 /MΩ	
拆卸电机控制器步骤	拆卸电机控制器高、低压插头并套好绝缘护套		
	使用专用工具拆卸进、出水管卡子		
	使用专用工具拆卸进、出水管卡子螺栓		
	举升车辆放出防冻液		
	落下车辆拔下进、出水管		
	使用专用工具拆卸电机控制器固定螺栓		
	从前机舱内拿出电机控制器		
3. 装车前的检查			
外观检查	电机控制器 高压插接器		□正常 □异常
	电机控制器 低压插接器		□正常 □异常
	电机控制器外观		□正常 □异常
	各螺栓及螺纹孔		□正常 □异常

（续）

3. 装车前的检查			
电机控制器连接高压线束绝缘电阻	绝缘测试仪选择	仪表型号：	
		电压等级/V：	
	HV+ 与屏蔽层之间	实测值：	
	HV- 与屏蔽层之间	实测值：	
	端子 1 对电机壳体		
	端子 2 对电机壳体		
	端子 3 对电机壳体		
4. 安装电机控制器			
紧固力矩	电机控制器固定螺栓	N·m（填写标准紧固力矩）	
	三相线束内部固定螺栓	N·m（填写标准紧固力矩）	
	三相线束外侧固定螺栓	N·m（填写标准紧固力矩）	
	直流母线内部固定螺栓	N·m（填写标准紧固力矩）	
	直流母线外部固定螺栓	N·m（填写标准紧固力矩）	
	上盖固定螺栓	N·m（填写标准紧固力矩）	
	搭铁线固定螺栓	N·m（填写标准紧固力矩）	
连接状态	电机控制器低压插接器	□已锁止　□未锁止	
	电机控制器高压插接器	□已锁止　□未锁止	
	电机控制器等电位线接地电阻	1）使用的仪表型号： 2）测试并记录结果：	
5. 性能检验			
紧固力矩	辅助蓄电池负极连接	N·m（与实际紧固力矩一致）	
记录仪表信息（起动后）	READY 指示灯	□亮　□不亮　□先亮后熄灭	
	系统故障指示灯	□亮　□不亮　□先亮后熄灭	
	高压电池的 SOC 及能否正常充电	SOC： 充电状态：□正常　□异常	
	动力蓄电池工作电压 （结合实车调整）	V	
		□正常　□异常	
记录自诊断信息（电机控制器）	故障码查询（清除故障码后再次读取）： □无 DTC　□有 DTC 码：		
	查询故障码		
	序号	故障码	□有　□无
			定义
	1	P116016	驱动电路报警故障
	2	P113519	相电流硬件过电流故障
	3	P0A4400	电机超速故障
	4	P114017	直流母线过电压故障
	5	P114016	直流母线欠电压故障
	6	P117098	过温故障

七、职业素养

电机控制器整车装配与质量检测		实习日期：	
姓名：	班级：	学号：	教师签名：
自评：□熟练 □不熟练	互评：□熟练 □不熟练	师评：□合格 □不合格	
日期：	日期：	日期：	

电机控制器整车装配与质量检测 【评分细则】

序号	评分项	得分条件	分值	评分要求	自评	互评	师评
1	准备工作	正确使用个人防护装备：设置安全护栏、放置警告标识牌、选择正确的绝缘手套（确认外观、绝缘等级、有无漏气）、使用护目镜	2	未完成1项相应扣分	□熟练 □不熟练	□熟练 □不熟练	□合格 □不合格
		填写车辆信息（未记录齐全且正确本项不得分）	1		□熟练 □不熟练	□熟练 □不熟练	□合格 □不合格
		检查前机舱高、低压线束或插接件是否松动	1		□熟练 □不熟练	□熟练 □不熟练	□合格 □不合格
		正确查询到电机控制器整车装配的维修手册（或装配工艺流程图）	1		□熟练 □不熟练	□熟练 □不熟练	□合格 □不合格
2	高压断电	上电确认：是否可以正常上高压电，OK（或READY）灯亮，记录SOC	1		□熟练 □不熟练	□熟练 □不熟练	□合格 □不合格
		使用诊断仪读取故障码—清除故障码—再次读取故障码，并做好记录	1		□熟练 □不熟练	□熟练 □不熟练	□合格 □不合格
		拔下起动钥匙（关闭起动开关）	1		□熟练 □不熟练	□熟练 □不熟练	□合格 □不合格
		把起动钥匙放入口袋	1		□熟练 □不熟练	□熟练 □不熟练	□合格 □不合格
		戴绝缘手套拔下维修开关/或断开车载充电机处直流母线后等待5min（需向考官汇报，也可以在断开辅助蓄电池负极之后等待5min）	2		□熟练 □不熟练	□熟练 □不熟练	□合格 □不合格
		拔下维修开关并放入安全锁箱里	1		□熟练 □不熟练	□熟练 □不熟练	□合格 □不合格
		再次上电确认：是否不能上高压电，OK（或READY）灯不亮	1		□熟练 □不熟练	□熟练 □不熟练	□合格 □不合格
		拔下起动钥匙（关闭起动开关）	1		□熟练 □不熟练	□熟练 □不熟练	□合格 □不合格
		把起动钥匙放入锁箱	1		□熟练 □不熟练	□熟练 □不熟练	□合格 □不合格
		在拔下（关闭）起动钥匙后断开辅助蓄电池负极电缆连接	1		□熟练 □不熟练	□熟练 □不熟练	□合格 □不合格
		将负极电缆（极柱）用绝缘胶带或保护套包裹	1		□熟练 □不熟练	□熟练 □不熟练	□合格 □不合格

(续)

序号	评分项	得分条件	分值	评分要求	自评	互评	师评
3	仪表选择和验电操作	选择正确的测量仪表：确认表和表笔为CATIII（本项如果错误，验电操作均不得分）	2		□熟练 □不熟练	□熟练 □不熟练	□合格 □不合格
		使用正确的测量仪表档位：电压测量档	1		□熟练 □不熟练	□熟练 □不熟练	□合格 □不合格
		测量辅助蓄电池电压	2		□熟练 □不熟练	□熟练 □不熟练	□合格 □不合格
		完成上述测试后，遵循单手操作原则测量维修开关插座/或车载充电机处直流母线正、负导电极之间电压	2		□熟练 □不熟练	□熟练 □不熟练	□合格 □不合格
		完成上述测试后，测量辅助蓄电池电压	2		□熟练 □不熟练	□熟练 □不熟练	□合格 □不合格
		确认高压系统不带电（高压系统电压低于1V）	1		□熟练 □不熟练	□熟练 □不熟练	□合格 □不合格
4	拆卸电机控制器	断开电机控制器低压线束插接器	2		□熟练 □不熟练	□熟练 □不熟练	□合格 □不合格
		取下电机控制器搭铁防尘盖，拆卸电机控制器2根搭铁线束的固定螺母，脱开搭铁线束	1		□熟练 □不熟练	□熟练 □不熟练	□合格 □不合格
		按顺序（2端向中间，对角）拆卸电机控制器上盖8个螺栓，取下电机控制器上盖	1		□熟练 □不熟练	□熟练 □不熟练	□合格 □不合格
		对电机控制器高压线线束插接器进行live-dead-live测试验电（高压系统电压低于1V）	2		□熟练 □不熟练	□熟练 □不熟练	□合格 □不合格
		拆卸驱动电机三相线束插接器（电机控制器内部）3个固定螺栓	1		□熟练 □不熟练	□熟练 □不熟练	□合格 □不合格
		拆卸驱动电机三相线束端子（电机控制器外部）3个固定螺栓，脱开三相线束	1		□熟练 □不熟练	□熟练 □不熟练	□合格 □不合格
		拆卸电机控制器高压线线束插接器（电机控制器内部）的2个固定螺栓	1		□熟练 □不熟练	□熟练 □不熟练	□合格 □不合格
		拆卸电机控制器高压线线束插接器（电机控制器外部）的2个固定螺栓，脱开三相线束	1		□熟练 □不熟练	□熟练 □不熟练	□合格 □不合格
		脱开电机控制器进/出水管，且不得有液体洒出（水管脱开前，应在车辆底部放置容器，接住防冻液，以免污染地面）	1		□熟练 □不熟练	□熟练 □不熟练	□合格 □不合格
		用塞子（堵头）将冷却水管密封	1		□熟练 □不熟练	□熟练 □不熟练	□合格 □不合格
		拆卸电机控制器4个固定螺栓，取下电机控制器总成	1		□熟练 □不熟练	□熟练 □不熟练	□合格 □不合格
		拆下电机控制器后，将电机控制器内的剩余液体倾倒干净	1		□熟练 □不熟练	□熟练 □不熟练	□合格 □不合格

（续）

序号	评分项	得分条件	分值	评分要求	自评	互评	师评
4	拆卸电机控制器	拆卸高压线束时，有效佩戴绝缘手套和护目镜，未佩戴的考官提示佩戴	2		□熟练 □不熟练	□熟练 □不熟练	□合格 □不合格
		借助工具辅助拆卸时，需做防护（包裹胶带或用绝缘保护套防护）	1		□熟练 □不熟练	□熟练 □不熟练	□合格 □不合格
		工具零件落地、摆放凌乱或放置在没有防护的车辆、举升台上，不得分	1		□熟练 □不熟练	□熟练 □不熟练	□合格 □不合格
5	测量操作	选择正确的测量仪表：确认表和表笔为CATIII（本项如果错误，数据记录均不得分）	2		□熟练 □不熟练	□熟练 □不熟练	□合格 □不合格
		使用正确的测量仪表档位：电压测量选择电压档，绝缘测量选择1000V绝缘等级	1		□熟练 □不熟练	□熟练 □不熟练	□合格 □不合格
		正确测量电机控制器端子HV+与端子HV−之间的切断电压	1		□熟练 □不熟练	□熟练 □不熟练	□合格 □不合格
		正确测量电机控制器三相线束插座绝缘性	1		□熟练 □不熟练	□熟练 □不熟练	□合格 □不合格
		正确测量电机控制器直流母线插座绝缘性	1		□熟练 □不熟练	□熟练 □不熟练	□合格 □不合格
		遵守"单手操作"原则（先把鳄鱼夹夹到电路的一个端子，然后用另一只表笔接到需测量的端子）测量读数	2		□熟练 □不熟练	□熟练 □不熟练	□合格 □不合格
		表针头短接和触碰任何非目标测量金属部件，不得分	1		□熟练 □不熟练	□熟练 □不熟练	□合格 □不合格
6	装车前的检查	清洁电机控制器外观并使用照明灯目视检查	1		□熟练 □不熟练	□熟练 □不熟练	□合格 □不合格
		选择正确的测量仪表：确认表和表笔为CATIII（本项如果错误，数据记录均不得分）	2		□熟练 □不熟练	□熟练 □不熟练	□合格 □不合格
		使用正确的测量仪表档位：选择1000V绝缘等级	1		□熟练 □不熟练	□熟练 □不熟练	□合格 □不合格
		正确测量电机控制器连接高压线束绝缘电阻	1		□熟练 □不熟练	□熟练 □不熟练	□合格 □不合格
		遵守"单手操作"原则（先把鳄鱼夹夹到电路的一个端子，然后用另一只表笔接到需测量的端子）测量读数	2		□熟练 □不熟练	□熟练 □不熟练	□合格 □不合格
		表针头短接和触碰任何非目标测量金属部件，不得分	1		□熟练 □不熟练	□熟练 □不熟练	□合格 □不合格
7	电机控制器总成装车	检查每个螺栓、螺栓孔技术状况，若检查出螺栓、螺栓孔异常情况需报告	2		□熟练 □不熟练	□熟练 □不熟练	□合格 □不合格
		安装电机控制器（全程有效佩戴手套和护目镜，未佩戴的考官提示佩戴）	1		□熟练 □不熟练	□熟练 □不熟练	□合格 □不合格
		用手旋入至少5mm（约2~3圈）预安装固定螺栓	1		□熟练 □不熟练	□熟练 □不熟练	□合格 □不合格

(续)

序号	评分项	得分条件	分值	评分要求	自评	互评	师评
7	电机控制器总成装车	按照正确顺序紧固电机控制器固定螺栓至指定力矩（查阅手册上的紧固力矩，单位是N·m，现场作业调整为标准值的一半）	1		□熟练 □不熟练	□熟练 □不熟练	□合格 □不合格
		正确安装电机控制器进、出冷却水管并固定卡箍	1		□熟练 □不熟练	□熟练 □不熟练	□合格 □不合格
		紧固电机控制器三相线束内、外固定螺栓至指定力矩（查阅手册上的紧固力矩，单位是N·m）	1		□熟练 □不熟练	□熟练 □不熟练	□合格 □不合格
		紧固电机控制器直流母线内、外固定螺栓至指定力矩（查阅手册上的紧固力矩，单位是N·m）	1		□熟练 □不熟练	□熟练 □不熟练	□合格 □不合格
		按规定力矩（查阅手册上的紧固力矩，单位是N·m）正确固定搭铁线束并盖上防尘盖	1		□熟练 □不熟练	□熟练 □不熟练	□合格 □不合格
		按正确顺序（中间向两端对角）紧固（查阅手册上的紧固力矩，单位是N·m）电机控制器盖板螺栓	1		□熟练 □不熟练	□熟练 □不熟练	□合格 □不合格
		向前推动预置式扭力扳手手柄紧固螺栓，不得分	1		□熟练 □不熟练	□熟练 □不熟练	□合格 □不合格
		正确安装电机控制器低压插接件	1		□熟练 □不熟练	□熟练 □不熟练	□合格 □不合格
		有效佩戴绝缘手套和护目镜，安装电机控制器高压插接器（并检查连接是否牢固）	1		□熟练 □不熟练	□熟练 □不熟练	□合格 □不合格
		先安装电机控制器高压插接器，再安装低压插接器（并检查卡扣锁止）	2		□熟练 □不熟练	□熟练 □不熟练	□合格 □不合格
		选择正确的测量仪表：确认表和表笔为CATⅢ（本项如果错误，数据记录均不得分）	2		□熟练 □不熟练	□熟练 □不熟练	□合格 □不合格
		使用正确的测量仪表档位：选用接地电阻仪（0.01Ω）电阻测量档	1		□熟练 □不熟练	□熟练 □不熟练	□合格 □不合格
		正确测量电机控制器等电位线与壳体之间的接地电阻	2		□熟练 □不熟练	□熟练 □不熟练	□合格 □不合格
		遵守"单手操作"原则（先把鳄鱼夹夹到电路的一个端子，然后用另一只表笔接到需测量的端子）测量读数	1		□熟练 □不熟练	□熟练 □不熟练	□合格 □不合格
		表针头短接和触碰任何非目标测量金属部件，不得分	1		□熟练 □不熟练	□熟练 □不熟练	□合格 □不合格
8	性能检验	连接车载充电机输入端直流母线	1		□熟练 □不熟练	□熟练 □不熟练	□合格 □不合格
		系统上高压前复检高、低压插接器连接状态等，进行安全检查	2		□熟练 □不熟练	□熟练 □不熟练	□合格 □不合格
		正确连接辅助蓄电池负极至固定力矩（现场作业调整为预紧即可）	1		□熟练 □不熟练	□熟练 □不熟练	□合格 □不合格

（续）

序号	评分项	得分条件	分值	评分要求	自评	互评	师评
8	性能检验	对加注的冷却液进行冰点检测，并判断是否合格	2		□熟练 □不熟练	□熟练 □不熟练	□合格 □不合格
		进行静态冷却液的加注（将车辆起动开关置于ON档且非充电状态，连接诊断仪，选择FE-3ZA车型→手工选择系统→空调控制器（AC）→特殊功能，选择加注初始化，车辆处于加注初始化状态）	1		□熟练 □不熟练	□熟练 □不熟练	□合格 □不合格
		拧开膨胀罐盖，缓慢加注冷却液，直至膨胀罐内冷却液量达到80%左右，且液位不再下降。膨胀罐保持开口状态，加注时不得有明显滴洒	1		□熟练 □不熟练	□熟练 □不熟练	□合格 □不合格
		拔出电机控制器出水管，待电机控制器出水口有成股水流出，装上电机控制器出水管，除气完成，补充冷却液至规定液位	1		□熟练 □不熟练	□熟练 □不熟练	□合格 □不合格
		检查电机冷却液排放管口有无泄漏，并清洁膨胀罐口溢出的冷却液	1		□熟练 □不熟练	□熟练 □不熟练	□合格 □不合格
		记录仪表信息且正确	2		□熟练 □不熟练	□熟练 □不熟练	□合格 □不合格
		记录诊断信息且正确	1		□熟练 □不熟练	□熟练 □不熟练	□合格 □不合格
9	清洁场地	去除翼子板护套、转向盘护套、座椅护套、脚垫、移除高压安全警示标识等	1		□熟练 □不熟练	□熟练 □不熟练	□合格 □不合格
		整理工作场地，清洁所有部件和工具	2		□熟练 □不熟练	□熟练 □不熟练	□合格 □不合格

总分：

八、实训总结

自我反思	
自我评价	

项目三
驱动电机系统故障检修

任务一　驱动控制系统的故障诊断

【任务描述】

我国新能源汽车产销量连续七年位居世界第一，亟须大批技艺技能精湛的工匠型维修技师。一辆吉利帝豪 EV450 电动汽车，踩制动踏板并保持，打开起动开关上电起动车辆时，仪表无故障现象，READY 灯亮，能够上高压电。挂入前进档，踩加速踏板，电子驻车制动系统（EPB）解锁正常，但车辆不运行，有时感觉车辆蠕动一下，同时系统故障指示灯亮、READY 灯熄灭，高压电下电。关闭起动开关，踩制动踏板并保持，再次打开起动开关后，READY 灯无法正常亮，系统故障指示灯亮，蓄电池指示灯亮、仪表无其他信号显示，档位无法切换至前进档或倒档。请正确使用诊断仪、示波器、万用表等检测工具，依据维修手册及相关资料排除故障，并准确填写诊断报告，按照 7S 操作规范整理场地，经检验合格后，将诊断报告和钥匙交付前台。

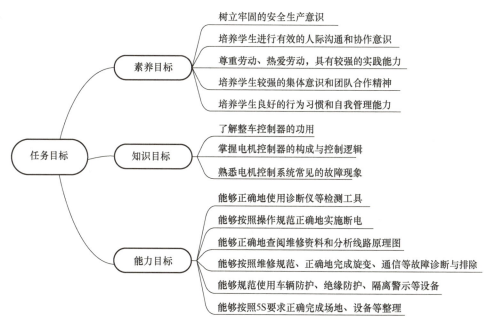

电驱动系统作为电动汽车三大核心构成之一,是车辆行驶的主要执行机构,其特性决定了车辆的主要性能指标,直接影响车辆动力性、经济性和用户驾乘感受。电驱动系统主要由整车控制器、驱动电机、电机控制器、机械传动装置和冷却系统等构成。吉利帝豪EV450电驱动系统的结构如图3-1所示。

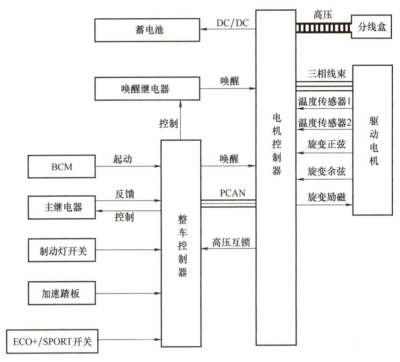

图 3-1　吉利帝豪 EV450 电驱动系统的结构

一、整车控制器（VCU）

1. 驾驶人意图解释

整车控制器（VCU）对驾驶人操作信息（加速踏板、制动踏板以及档位开关）及控制命令进行分析处理,将加速踏板、制动踏板的机械位移量及档位开关状态转换为相应的电信号,根据某种规则将相应电信号转化成驱动电机需要的转矩命令,输入到电机控制器（MCU）,控制驱动电机的转矩来驱动车辆,以满足驾驶人对车辆驱动的动力性要求;同时,根据车辆状态向MCU发出相应指令,保证行驶安全性、舒适性。驱动电机对驾驶人操作的响应性能取决于VCU对加速踏板电信号的解释结果,直接影响驾驶人的控制效果和操控感觉。

2. 整车能量优化管理

VCU通过对电动汽车的电驱动系统、蓄电池管理系统（BMS）、传动系统以及其他车载能源动力系统（如空调、电动泵等）的协调和管理,提高整车能量利用效率,延长续驶里程。在滑行制动和行车制动过程中,根据加速踏板和制动踏板位置、车辆行驶状态信息以及动力蓄电池的状态信息（如SOC值）来判断某一时刻能否进行制动能量回馈。制动能量回馈示意图如图 3-2 所示。

制动能量回馈的原则如下：

1）制动能量回收不应该干预 ABS 的工作。

2）当 ABS 进行制动力调节时，制动能量回收不应该工作。

3）当 ABS 报警时，制动能量回收不应该工作。

4）当电驱动系统故障时，制动能量回收不应该工作。

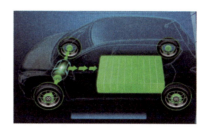

图 3-2　制动能量回馈示意图

3. 高压上、下电控制

VCU 根据驾驶人对起动开关的控制，进行动力蓄电池的高压接触器开关控制，以完成高压设备的电源通断和预充电控制；协调相关部件的上电与下电流程，包括电机控制器（MCU）、蓄电池管理系统（BMS）等部件的供电，预充接触器、主正/主负接触器的吸合和断开等。

4. 车辆状态实时检测

VCU 实时检测车辆状态，并将各个子系统的信息发送给车载信息显示系统。其过程是通过传感器和 CAN 总线，检测车辆状态和其动力系统及相关电器附件、相关各子系统状态信息，驱动显示仪表，将状态信息和故

图 3-3　状态信息显示

障诊断信息通过数字仪表显示出来。状态信息显示如图 3-3 所示。

VCU 连续监测整车电控系统进行故障诊断并及时进行相应安全保护处理。VCU 可根据传感器的输入及其他通过 CAN 总线通信得到的电机、蓄电池、充电机等信息，对各种故障进行判断、等级分类、报警显示；存储故障码，供维修时查看；故障指示灯指示出故障类型和部分故障码；在行车过程中根据故障内容进行故障诊断与处理。故障分级及处理方式见表 3-1。

表 3-1　故障分级及处理方式

等级	名称	故障后处理	故障列表
一级	致命故障	紧急断开高压	MCU 直流母线过电压故障、BMS 一级故障
二级	严重故障	零转矩	MCU 相电流过电流，IGBT、旋变等故障；电机节点丢失故障；档位信号故障
三级	一般故障	跛行	加速踏板信号故障
		降功率	MCU 电机超速保护
		限功率 <7kW	跛行故障，SOC<1%、BMS 单体欠电压、内部通信、硬件等二级故障
		限速 <15km/h	低压欠电压故障、制动故障
四级	轻微故障	仪表显示，能量回收故障，仅停止能量回收	MCU 电机系统温度传感器、直流欠电压故障；VCU 硬件、DC/DC 异常等故障

5. 其他功能

整车控制器（VCU）除了上述功能外，还具有充电过程控制、防溜车功能控制、电动化辅助系统管理、整车 CAN 总线网关及网络化管理、基于 CCP 的在线匹配标定、换档控制、远程控制等功能。其中，远程控制包括远程查询功能、远程空调控制及远程充电控制。

二、电机控制器（MCU）

驱动电机控制器（MCU）接收整车控制器（VCU）的指令，将动力蓄电池的高压直流电压逆变成电压、频率、相序可调的三相交流电，实现对驱动电机的转速、转矩和转向的控制。吉利帝豪 EV450 电机控制器电气原理框图如图 3-4 所示。

扫一扫

AC/AC 变压电路

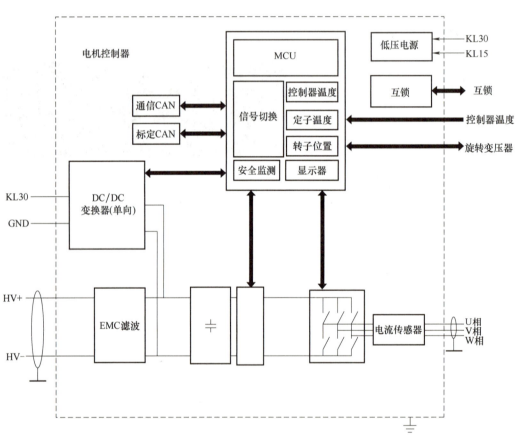

图 3-4　吉利帝豪 EV450 电机控制器电气原理框图

MCU 可以实时监测驱动电机运行状态，如电机温度、转子位置、直流母线电流、三相交流电流、高压线束绝缘等。电机控制器（MCU）内含故障诊断电路，当诊断出异常时，它将会激活一个错误代码，通过 CAN 总线发送给整车控制器，同时存储该故障码和数据。

在能量回收过程中，电机控制器（MCU）转变为整流滤波器，其功能是将发电机输出的三相交流电压经过整流、滤波和升压后转变为高压直流电，将电能回馈给动力蓄电池，实现能量回收。

三、驱动电机系统常见故障现象

以吉利帝豪 EV450 为例，驱动电机系统常见的、稳定的故障现象有 3 种：

故障现象 1：踩制动踏板，打开起动开关，"READY"灯正常亮，挂入前进档或倒档，松开制动踏板，踩加速踏板，车辆无法正常运行。

故障现象 2：踩制动踏板，打开起动开关，"READY"灯无法亮，同时伴有其他故障。

故障现象 3：踩制动踏板，打开起动开关，"READY"灯正常亮，挂入前进档或倒档，车辆正常行驶，但关闭起动开关后无法正常充电。

扫一扫

乱序故障测量

【案例1】 驱动电机位置传感器故障

客户描述：踩制动踏板并保持，打开起动开关上电起动车辆时，仪表无故障现象，"READY"灯亮，能够上高压电。挂入前进档，踩加速踏板，电子驻车制动系统（EPB）解锁正常，但车辆不运行，有时感觉车辆蠕动一下，同时系统故障指示灯亮、"READY"灯熄灭，高压电下电。然后，关闭起动开关，踩制动踏板并保持，打开起动开关后，"READY"灯无法正常亮，整车已无法上电，系统故障指示灯亮、蓄电池指示灯亮、仪表再无其他信号显示，档位无法切换至前进档或倒档。案例 1 仪表信息如图 3-5 所示。

图 3-5　案例 1 仪表信息

1. 现象分析

结合以上现象分析，第一次打开起动开关可以正常上电，说明动力系统 MCU、VCU、OBC、BMS 内数据信号、高压互锁、动力蓄电池状态、高压绝缘、DC/DC 控制、驱动电机控制等都检测正常。在换档加速时车辆不运行，或者有时车辆蠕动了一下后马上停止，说明 MCU 已正常对驱动电机进行驱动，驱动电机开始运转，但无法持续。第二次打开起动开关，系统故障指示灯亮，说明系统存在故障。

综上分析，该故障是发生在驱动电机运转后，因此，可能存在以下故障：

1) 驱动电机高压（U、V、W）相线中缺一相。
2) 驱动电机位置传感器正弦或余弦信号电路故障。

由于驱动电机高压（U、V、W）三相出现断相故障的概率较小，所以首先需要检测和分析电机位置传感器的正弦或余弦信号。

2. 原理简介

驱动电机转子位置传感器输出的正弦/余弦信号幅值随驱动电机转子的旋转而变化，如图 3-6 所示。

这个信号用来精确测量驱动电机的转子转角。MCU 根据正弦/余弦信号幅值的变化确定驱动电机三相交流电的初相位，并根据驾驶需求对驱动电机进行相应控制。如果正弦/余弦信号异常，MCU 将无法判断当前转子位置，从而无法控制 $IGBT_1 \sim IGBT_6$ 的导通时间，致使驱动电机无法运行。驱动电机位置传感器电路原理图如图 3-7 所示。

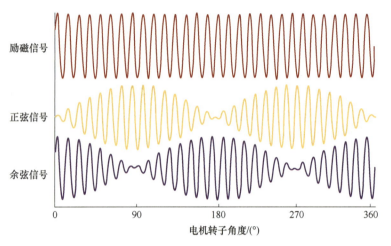

图 3-6 位置传感器的正弦/余弦信号

注意:MCU 在被点火信号唤醒后会进行自检,包含电机位置传感器的励磁、正弦和余弦信号。如果励磁出现故障,正弦和余弦信号都将不会产生,MCU 会同时检测不到正弦和余弦信号,此时会通过 CAN 总线发出 MCU 异常信号,整车高压禁止上电,系统故障指示灯亮,这和当前的现象不符。

3. 故障诊断过程

(1)连接诊断仪 连接诊断仪到 OBD 接口,踩制动踏板并保持,打开起动开关,使用诊断仪与 VCU、MCU 通信,读取故障码,分别见表 3-2、表 3-3。

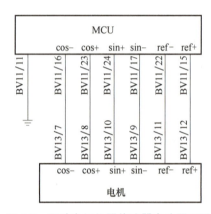

图 3-7 驱动电机位置传感器电路原理图

表 3-2 VCU 故障码

故障码	代码说明
P1C3404	电机控制器故障等级 2(关闭输出)
P1C5104	IPU 执行关闭命令超时(上、下电)

表 3-3 MCU 故障码

故障码	代码说明
P171100	信号失配错误
P0C5200	正弦/余弦输入信号低于电压阈值
P171400	锁相错误

(2)故障码分析

1)P1C3404——MCU 故障等级 2(关闭输出):在 VCU 中读取到此故障码,说明 MCU 内部有严重故障,导致 MCU 需要关闭其驱动输出。MCU 启动保护功能且关闭输出后,通过 PCAN 总线发送数据至 VCU,告知 VCU 当前 MCU 所处的状态,VCU 接收到此信号后生成故障码。

2）P171100——信号失配错误：说明在车辆上电或运行过程中，MCU 检测到的正弦和余弦信号与自身内部存储的信号不匹配，产生此故障码。信号匹配首先要确保励磁信号正常。如果励磁出现异常无信号输出、正弦和余弦输入信号对地短路及电路电阻过大，都将导致正弦和余弦信号过低。MCU 检测到正弦和余弦输入信号与自身内部存储的信号图谱不符，随即产生此故障码。

3）P0C5200——正弦 / 余弦输入信号低于电压阈值：如果励磁线圈无信号输出以及正弦和余弦输入信号对地短路或电路电阻过大，将导致正弦和余弦信号过低。MCU 检测到正弦和余弦输入信号低于自身内部存储的最低信号，随即产生此故障码。

4）P171400——锁相错误：MCU 控制驱动电机运转，首先要通过正弦和余弦输入信号判断当前驱动电机转子位置，从而和内部所存储的位置、转速、电流、电压、温度等图谱比对，然后控制内部 IGBT 的导通与截止，输出三相交流电至驱动电机定子，使电机运转。如果在上电及运行过程中，MCU 接收到的正弦和余弦输入信号都异常，将导致 MCU 无法识别和获知转子位置，即无法确定初始相位顺序，因此无法控制 IGBT 的导通与截止，导致三相电无法输出，随即产生此故障码。

结合故障现象以及 VCU、MCU 读出的故障码，说明电机位置传感器的正弦、余弦信号存在故障。

（3）旋转变压器检测

1）操作起动开关使电源模式至 OFF 状态。

2）断开辅助蓄电池负极电缆。

3）断开车载充电机直流母线。

4）断开 BV13 接插件，从插座端用万用表按表 3-4 测量旋转变压器线圈电阻值。

表 3-4 旋转变压器线圈阻值测量

测量位置 A	测量位置 B	物理量	标准值 /Ω	检测目的
BV13/7	BV13/8	电阻	标准电阻：14.5 ± 1.5Ω	旋转变压器是否完好
BV13/9	BV13/10		标准电阻：13.5 ± 1.5Ω	
BV13/11	BV13/12		标准电阻：9.5 ± 1.5Ω	

如果上述测量参数不符合要求，则更换驱动电机或者旋转变压器。如果上述测量参数符合要求，则测量余弦信号、正弦、励磁电路是否存在断路、虚接、短路问题。

（4）余弦线圈电路测量

1）操作起动开关使电源模式至 OFF 状态。

2）断开辅助蓄电池负极电缆。

3）断开车载充电机直流母线。

4）断开 BV11、BV13 接插件，从线束端用万用表按表 3-5 测量余弦信号电路是否存在断路、虚接、短路问题。

如果上述测量参数不符合要求，则维修或更换线束。如果上述测量参数符合要求，则测量正弦信号电路是否存在断路、虚接、短路问题。

表 3-5　余弦信号电路测量参数

测量位置 A	测量位置 B	物理量	标准值	检测目的
BV13/7	BV11/16	电阻	标准电阻：<1Ω	cos+、cos– 信号线是否正常
BV13/8	BV11/23	电阻	标准电阻：<1Ω	cos+、cos– 信号线是否正常
BV13/7	BV13/8	电阻	标准电阻：>10kΩ	cos+、cos– 之间是否正常
BV13/7	车身搭铁	电阻	标准电阻：>10kΩ	cos+、cos– 与车身之间是否正常
BV13/8	车身搭铁	电阻	标准电阻：>10kΩ	cos+、cos– 与车身之间是否正常

（5）正弦线圈电路测量

1）操作起动开关使电源模式至 OFF 状态。

2）断开辅助蓄电池负极电缆。

3）断开车载充电机直流母线。

4）断开 BV11、BV13 接插件，从线束端用万用表按表 3-6 测量正弦信号电路是否存在断路、虚接、短路问题。

表 3-6　正弦信号电路测量参数

测量位置 A	测量位置 B	物理量	标准值	检测目的
BV13/10	BV11/24	电阻	标准电阻：<1Ω	sin+、sin– 信号线是否正常
BV13/9	BV11/17	电阻	标准电阻：<1Ω	sin+、sin– 信号线是否正常
BV13/9	BV13/10	电阻	标准电阻：>10kΩ	sin+、sin– 之间是否正常
BV13/9	车身搭铁	电阻	标准电阻：>10kΩ	sin+、sin– 与车身之间是否正常
BV13/10	车身搭铁	电阻	标准电阻：>10kΩ	sin+、sin– 与车身之间是否正常

如果上述测量参数不符合要求，则维修或更换线束。如果上述测量参数符合要求，则测量励磁信号电路是否存在断路、虚接、短路问题。

（6）励磁线圈电路测量

1）操作起动开关使电源模式至 OFF 状态。

2）断开辅助蓄电池负极电缆。

3）断开车载充电机直流母线。

4）断开 BV11、BV13 接插件，从线束端用万用表按表 3-7 测量励磁信号电路是否存在断路、虚接、短路问题。

表 3-7　励磁信号电路测量参数

测量位置 A	测量位置 B	物理量	标准值	检测目的
BV13/11	BV11/22	电阻	标准电阻：<1Ω	ref+、ref– 信号线是否正常
BV13/12	BV11/15	电阻	标准电阻：<1Ω	ref+、ref– 信号线是否正常
BV13/11	BV13/12	电阻	标准电阻：>10kΩ	ref+、ref– 之间是否正常
BV13/11	车身搭铁	电阻	标准电阻：>10kΩ	ref+、ref– 与车身之间是否正常
BV13/12	车身搭铁	电阻	标准电阻：>10kΩ	ref+、ref– 与车身之间是否正常

如果上述测量参数不符合要求，则维修或更换线束。如果上述测量参数符合要求，则更换电机控制器，确认故障是否排除。

4. 故障机理

如果励磁信号正常，而正弦和余弦信号有一个异常，由于这时车辆处于静止状态，MCU 可能检测不到存在的故障，因此不会影响车辆高压上电。但如果挂前进档或倒档运行车辆，由于 MCU 接收不到驱动电机运转时位置传感器返回的正弦或余弦位置信号，MCU 无法对 IGBT 的导通/截止时间进行控制，车辆无法行驶，同时生成和存储故障码。关闭起动开关后再次打开，MCU 和 VCU 通过第一次电机驱动运行，已经确认正弦和余弦信号异常，且已生成故障码，因此会启动保护功能，禁止高压上电，系统故障指示灯亮。

【案例2】 电机控制器供电故障

客户描述：踩制动踏板并保持，打开起动开关上电起动车辆时，"READY"灯不亮，无法上高压电。同时，蓄电池指示灯、系统故障指示灯、电子驻车制动系统（EPB）、减速器故障指示灯等亮；档位能够切换到空档、驻车档，但是无法切换到前进档和倒档。案例 2 的仪表信息如图 3-8 所示。

图 3-8　案例 2 的仪表信息

1. 现象分析

结合以上现象，动力蓄电池故障指示灯未亮，说明 BMS 电源、通信、内部自检正常；VCU、MCU、ABS、高压互锁、高压绝缘等属于整车系统检测和控制范畴，都会导致系统故障指示灯亮。仪表右侧故障提醒警告灯、EPB 故障警告灯、减速器故障指示灯亮，说明驱动系统有故障。其中，驱动系统包含驱动电机及 MCU、TCU、ABS、ESC、EPB、电子变速杆。如果 TCU、ABS、ESC、EPB、电子变速杆出现故障，将严重影响行车安全，车辆将禁止切换任何档位，同时保持 P 位，EPB 不会解锁。该案例的档位可以切换至空档、驻车档，说明 TCU、ABS、ESC、EPB、电子变速杆正常。因此，故障应该为MCU 故障造成仪表上的故障提醒警告灯、EPB 故障警告灯、减速器故障指示灯亮，VCU、BMS 禁止上高压，DC/DC 变换器禁止启动，同时仪表上蓄电池指示灯亮，制动真空泵没有起动工作。

这一现象可能由于以下一项或多项造成：

1）MCU 电源供电故障。

2）MCU 的 PCAN 通信故障。

3）MCU 自身故障。

2. 原理简介

吉利帝豪 EV450 的电机控制器（MCU）电源电路如图 3-9 所示。它有两路供电电源，一路为辅助蓄电池正极通过熔丝 EF32（7.5A）提供常火电源；另一路为 IG2 继电器输出通过熔丝 IF18（10A）提供起动开关电源。

如果 +B 电源出现故障，将导致 MCU 启动及 CAN 通信失败，使整车上高压电失败；如果 IG2 电源出现故障，MCU 通过 PCAN 接收和判断起动开关状态，同时利用 +B 电源作为功率电源供电。

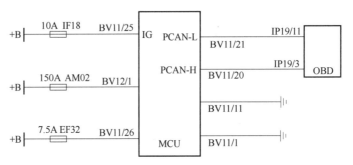

图 3-9 吉利帝豪 EV450 的电机控制器（MCU）电源电路

3. 故障诊断过程

（1）连接诊断仪　连接诊断仪到 OBD 接口，踩制动踏板并保持，打开起动开关，使用诊断仪与 VCU、MCU 通信。

读取 MCU 故障码，诊断仪显示："测试设备与 VCU 不能通信！1. 确认起动开关是否打开；2. 检查测试主线是否连接好；3. 检查车辆蓄电池是否有电；4. 确认车辆是否配备此系统；5. 确认诊断设备上的 VCU 是否是绿勾；6. 尝试用 USB 线连接诊断设备和 VCU；7. 记录好日志并上传，并详细填写问题说明"。

读取 VCU 故障码，见表 3-8。

表 3-8　VCU 故障码

故障码	代码说明
U011087	与电机控制器通信丢失
P1C6F04	PCU 3 级故障
P1C3C96	TCS 报故障
P1C4296	车速信号警告故障

（2）故障码分析　诊断仪器和 MCU 无法通信，但与 VCU 通信正常。"U011087：与电机控制器通信丢失"，说明 MCU 通信异常，可能的故障有：

1) MCU 供电电路（包括搭铁线路）故障。

2) MCU 的 PCAN 总线故障。

3) MCU 自身故障。

"P1C6F04：PCU 3 级故障"和"P1C3C96：TCS 报故障"进一步证明 MCU 可能出现故障，因为 MCU、TCS、ESC 等属于整车驱动控制系统，如果 MCU 无法通信，VCU 判断驱动控制系统条件 MCU 信号缺失，故通过 PCAN 总线发送故障信号至组合仪表，组合仪表上对应的代表驱动系统性能的故障提醒警告灯、EPB 故障警告灯、减速器故障指示灯亮。

（3）检查辅助蓄电池电压

1) 操作起动开关使电源模式至 OFF 状态。

2) 用万用表测量辅助蓄电池电压，如图 3-10 所示，标准电压：11~14V。

3）确认测量值是否符合标准。如果不符合，更换辅助蓄电池或为辅助蓄电池充电。如果辅助蓄电池电压符合标准，则进一步检查EF32、IF18、AM02熔丝。

（4）检查熔丝

1）操作起动开关使电源模式至OFF状态。

2）用万用表按照表3-9中的顺序进行熔丝检测，如图3-11所示。

图3-10 测量辅助蓄电池电压

表3-9 熔丝检测

熔丝	额定容量	测量条件	物理量	标准值	检测目的
EF32	7.5A	拔下	电阻	标准电阻：<1Ω	熔丝是否正常
IF18	10A				
AM02	150A				

3）确认测量值是否符合标准。如果不符合，更换额定容量熔丝。如果熔丝符合标准，则进一步检查电机控制器电源电压。

（5）电机控制器电源线路检测

1）操作起动开关使电源模式至OFF状态。

2）断开电机控制器线束插接器BV11。

3）操作起动开关使电源模式至ON状态。

4）从线束端用万用表测量，按照表3-10进行电机控制器电源线束检测。

图3-11 熔丝检测

表3-10 电机控制器电源线束检测

测量位置A	测量位置B	物理量	标准值	检测目的
BV11/25	车身搭铁	电压	标准电压：11~14V	电源正极电路是否正常
BV11/26	车身搭铁			
BV11/11	车身搭铁	电阻	标准电阻：<1Ω	电源搭铁电路是否正常
BV11/1	车身搭铁			

5）确认测量值是否符合标准。如果不符合，维修或更换线束。如果测量值符合标准，则进一步检查DC/DC变换器与蓄电池之间的电路。

（6）检查DC/DC变换器与蓄电池之间的电路

1）操作起动开关使电源模式至OFF状态。

2）断开辅助蓄电池负极电缆。

3）断开电机控制器线束插接器BV12。

4）断开辅助蓄电池正极电缆。

5）用万用表测量电机控制器线束插接器BV12端子1和蓄电池正极电缆之间的电阻，

标准电阻：<1Ω。

6）确认测量值是否符合标准。如果不符合，维修或更换线束。如果测量值符合标准，则故障确定为电机控制器损坏，更换电机控制器。

4. 故障机理

MCU 电源电路存在故障，造成 MCU 无法启动运行及进行信号传输，使得 VCU 无法正常接收 MCU 发送的故障、温度等信号；另一方面，MCU 无法接收 VCU 发送的整车控制指令，VCU 启动整车保护功能，导致整车高压系统不上电。

【案例3】 电机控制器PCAN总线通信故障

客户描述：踩制动踏板并保持，打开起动开关上电起动车辆时，"READY"灯不亮，无法上高压电。同时，蓄电池指示灯、系统故障指示灯、电子驻车制动系统（EPB）、减速器故障指示灯等亮；档位能够切换到空档、驻车档，但是无法切换到前进档和倒档。案例 3 的仪表信息如图 3-12 所示。

图 3-12 案例 3 的仪表信息

1. 现象分析

从客户描述可以看出，电机控制器 PCAN 总线通信故障与【案例2】供电故障相同，可能由于以下一项或多项造成：

1）MCU 电源供电电路故障。

2）MCU 的 PCAN 总线通信故障。

3）MCU 自身故障。

2. 原理简介

吉利帝豪 EV450 的电机控制器（MCU）通信电路如图 3-13 所示。MCU 通过 PCAN 总线对外发送和接收信号，主要连接单元有驾驶模式开关、整车控制器（VCU）、车载充电机（OBC）、蓄电池管理系统（BMS）、动力合成控制器（TCU）、远程监控系统（T-BOX）、驾驶模式开关、诊断接口（OBD）等。

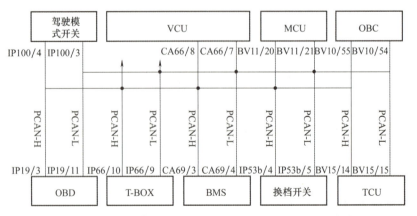

图 3-13 吉利帝豪 EV450 的电机控制器（MCU）通信电路

如果电机控制器（MCU）的 PCAN 总线发生故障，将导致 MCU 无法接收和发送任何信息，导致整车启动保护模式，高压无法上电、车辆不能行驶，这种故障与电机控制器（MCU）不能工作的影响相同。

3. 故障诊断过程

（1）连接诊断仪　连接诊断仪到 OBD 接口，踩制动踏板并保持，打开起动开关，使用诊断仪与 VCU、MCU 通信。VCU 故障码以及连接 MCU 的诊断仪显示与【案例2】供电故障相同。因此，可能的故障有：

1）MCU 供电电路（包括搭铁线路）故障。

2）MCU 的 PCAN 总线故障。

3）MCU 自身故障。

（2）按照【案例2】的诊断过程对电机控制器（MCU）供电电源进行检测　确认故障是否排除，如果故障仍然存在，则检测电机控制器（MCU）通信电路。

（3）电机控制器（MCU）通信电路检测

1）操作起动开关使电源模式至 OFF 状态。

2）断开电机控制器线束插接器 BV11。

3）操作起动开关使电源模式至 ON 状态。

4）从线束端用双踪示波器按照表 3-11 测量电机控制器（MCU）PCAN 总线信号波形。PCAN 总线标准波形如图 3-14 所示，电机控制器 PCAN-L 断路波形如图 3-15 所示。如果波形异常，则进入 5）通过电阻检测进行确认。

表 3-11　电机控制器（MCU）PCAN 总线信号波形

测量位置 A	测量位置 B	物理量	标准值	检测目的
BV11/20	车身搭铁	波形	标准值：2.5~3.5V 矩形脉冲	CAN 信号是否正常
BV11/21	车身搭铁		标准值：1.5~2.5V 矩形脉冲	

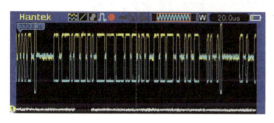

图 3-14　PCAN 总线标准波形

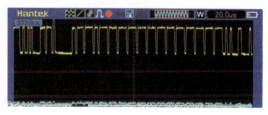

图 3-15　电机控制器 PCAN-L 断路波形

5）操作起动开关使电源模式至 OFF 状态。

6）从线束端用万用表按照表 3-12 测量电机控制器（MCU）至诊断接口（OBD）的通信电路。

7）确认测量值是否符合标准。如果不符合标准，则维修或更换线束。如果符合标准，则进行 PCAN 总线网络完整性检测。

（4）PCAN 总线网络完整性检测

1）操作起动开关使电源模式至 OFF 状态。

表 3-12　电机控制器（MCU）至诊断接口（OBD）的通信电路

测量位置 A	测量位置 B	物理量	标准值	检测目的
BV11/20	IP19/3	电阻	标准电阻：<1Ω	通信线路是否正常
BV11/21	IP19/11			
BV11/21	车身搭铁	电阻	标准电阻：>10kΩ	通信线路与搭铁之间是否正常
BV11/20	车身搭铁			
BV11/21	+B	电阻	标准电阻：>10kΩ	通信线路与 +B 之间是否正常
BV11/20	+B			

2）从线束端用万用表测量终端接口 IP19 的端子 3 和端子 11 之间的电阻值，标准电阻：55~67.5Ω。

3）确认测量值是否符合标准。如果不符合标准，优先排除 PCAN 总线网络不完整故障。如果符合标准，则更换电机控制器（MCU）。

4. 故障机理

MCU 的 PCAN 总线通信电路存在故障，造成 MCU 无法起动运行和进行信号传输，使整车控制器 VCU 无法正常接收到 MCU 反馈信息及 MCU 运行状态（如起动运行、禁止运行、内部故障信号、IGBT 温度等状态信号），从而无法确认整车控制的工作状态，VCU 启动整车保护功能，导致整车高压系统不上电。

【案例4】 高压互锁断路故障

一辆吉利帝豪 EV450 电动汽车，踩制动踏板并按下起动开关，仪表正常亮，"READY"灯无法正常亮；蓄电池指示灯、系统故障指示灯、仪表右侧驻车灯、驱动模式指示灯 ECO 等正常亮。高压互锁故障仪表信息如图 3-16 所示。

图 3-16　高压互锁故障仪表信息

1. 现象分析

动力蓄电池故障指示灯未亮，说明 BMS 自检正常。仪表只显示系统故障灯，其他系统没有显示故障信号及指示灯亮，说明各系统之间通信及电源正常。因此导致这一故障的原因可能是 VCU 检测到系统有严重故障，从而禁止上高压电，禁止启动 DC/DC 变换器，同时仪表上蓄电池指示灯亮。通常导致这一现象的主要原因有：

1）高压互锁信号电路断路、虚接、短路故障。

2）VCU 主继电器 ER05 自身、电源、控制电路断路、虚接、短路故障。

3）VCU 主继电器 ER05 输出至 VCU 供电电源电路断路、虚接、短路故障。

4）VCU 主继电器 ER05 输出至 VCU 反馈电路断路、虚接、短路故障。

5）高压系统绝缘故障。

6）驱动电机旋变励磁信号及电路断路、虚接、短路故障。

7）所有驱动电机温度传感器信号及电路断路、虚接、短路故障。

> **注意：**
>
> 主继电器 ER05 为 VCU 提供功率电源，即高压互锁、水泵控制等。如果 ER05 的控制信号、供电电源、自身出现故障，将导致 VCU 丢失功率电源，高压互锁、水泵控制等异常，造成 VCU 启动保护模式，致使高压上电失败。VCU 电源电路原理图如图 3-17 所示。
>
>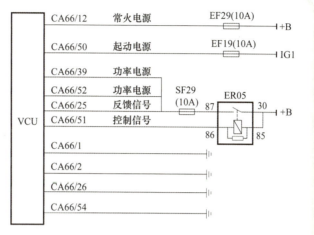
>
> 图 3-17 VCU 电源电路原理图

如果反馈信号出现异常，VCU 将认为 ER05 工作信号不可信，也将导致 VCU 启动保护模式，致使高压上电失败。由于功率电源是并联关系，因此仅一路出现故障时电源不会丢失，但两路都出现异常时，将导致 VCU 丢失功率电源，高压互锁、水泵控制等异常，造成 VCU 启动保护模式，致使高压上电失败。

2. 故障码

（1）读取故障码　连接诊断仪到 OBD 接口，踩制动踏板并保持，打开起动开关，使用诊断仪与 VCU 通信，读取故障码，见表 3-13，读取 VCU 数据流，见表 3-14。

表 3-13　VCU 故障码

故障码	代码说明
P1C4096	高压互锁故障
PIC8E04	高压互锁 PWM 输出信号开路

表 3-14　VCU 相关数据流

名称	显示	单位
VCU 高压互锁信号	故障	—
DC/DC 高压侧电流最大值	0.00	A
VCU 发出的 BMS 放电状态	下高压电	—

（2）故障码分析　能够进入 VCU 读取故障码，说明 VCU 通信正常、工作正常，因此可排除 VCU 常火电源、起动电源的供电故障；代码 PIC8E04 指向明确：高压互锁 PWM 输出信号开路。高压互锁信号断开能够导致系统执行下高压电操作，因此，出现 DC/DC 高压侧电流最大值电流为 0A，动力蓄电池主正 / 主负接触器断开，执行下高压电。

综合以上故障现象、故障码及数据流分析，说明车辆存在以下一项或多项可能的故障：

1）高压互锁低压回路故障。

2）高压接插件松动。

3）高压互锁电路退针。

4）VCU 自身故障等。

3. 原理简介

吉利帝豪 EV450 的高压互锁回路如图 3-18 所示，VCU 通过端子 CA67/76 输出幅值约为 3.3V 的脉冲信号，如图 3-19a 所示。脉冲信号通过高压互锁导线依次进入 IPU、OBC、空调压缩机控制器和 PTC 加热器，最后返回到 VCU 的端子 CA66/58，VCU 通过内部上拉电路将幅值约为 3.3V 的脉冲信号上拉至幅值约为 12V 的脉冲信号，如图 3-19b 所示。

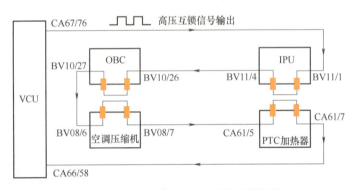

图 3-18　吉利帝豪 EV450 高压互锁回路

VCU 检测端子 CA66/58 的脉冲信号并与内部存储的正常脉冲信号进行对比，如果脉冲信号的幅值、频率正常，即确认高压系统电路完整。如果波形信号的幅值、频率异常，或检测出一个接近 +B 的电压信号，VCU 即确认高压系统电路不完整，存在虚接、断路故障，为了防止安全事故发生，整车系统将禁止高压上电，同时生成故障码并存储。

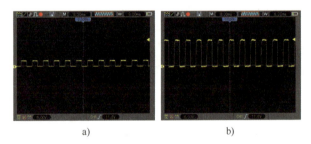

图 3-19　高压互锁脉冲信号

4. 故障诊断过程

（1）高压 / 低压插接器检查

1）操作起动开关使电源模式至 OFF 状态。

2）断开辅助蓄电池负极电缆，等待 3min。

3）检查动力蓄电池高压母线、OBC 连接 IPU 的直流高压线束、空调压缩机高压线束、PTC 加热器高压线束等是否连接松动。

4）检查 VCU、OBC、IPU、空调压缩机控制器、PTC 控制器低压线束是否松动。

（2）高压互锁回路检查——波形检测法

1）操作起动开关使电源模式至 OFF 档，按照表 3-15 中的测量条件连接或断开相应接插件。

2）操作起动开关使电源模式至 ON 档，按照表 3-15 依次从线束端用示波器检测高压互锁信号是否正常。如果检测点的波形为图 3-19a 所示的脉冲波形，说明 CA67/76 至该检测点的电路完好；如果检测点的信号为 0V 直线，说明检测点前面的电路出现断路。

3）操作起动开关使电源模式至 OFF 档，断开前一级接插件，用万用表测量该段电路电阻进行故障点确定。如果各检测点脉冲信号均符合标准，说明 VCU 自身故障。注意：由于故障码 PIC8E04 已经指明"高压互锁 PWM 输出信号开路"，因此表 3-15 仅用于断路故障检测。互锁回路虚接故障需采用万用表进行电阻测量来确定。

表 3-15　高压互锁脉冲信号检测

测量位置 A	测量位置 B	物理量	标准值	测量条件
BV11/1	车身搭铁	波形	3V 矩形脉冲	ON 档，连接 CA67、CA66，断开 BV11
BV11/4	车身搭铁			
BV10/26	车身搭铁	波形	3V 矩形脉冲	ON 档，连接 CA67、CA66、BV11，断开 BV10
BV10/27	车身搭铁			
BV08/6	车身搭铁	波形	3V 矩形脉冲	ON 档，连接 CA67、CA66、BV11、BV10，断开 BV08
BV08/7	车身搭铁			
CA61/5	车身搭铁	波形	3V 矩形脉冲	ON 档，连接 CA67、CA66、BV11、BV10、BV08，断开 CA61
CA61/7	车身搭铁			
CA66/58	车身搭铁	波形	3V 矩形脉冲	ON 档，连接 CA67、CA66、BV11、BV10、BV08、CA61，断开 CA66

（3）高压互锁回路检查——电阻检测法　操作起动开关使电源模式至 OFF 档，按照表 3-16 中的测量条件进行相关电阻检测。

表 3-16　高压互锁脉冲电路电阻检测

测量位置 A	测量位置 B	物理量	标准值	测量条件
BV11/1	CA67/76	电阻	<1Ω	OFF 档，断开 CA67、BV11
BV11/4	BV11/1			
BV10/26	BV11/4	电阻	<1Ω	OFF 档，断开 BV11、BV10
BV10/27	BV10/26			
BV08/6	BV10/27	电阻	<1Ω	OFF 档，断开 BV10、BV08
BV08/7	BV08/6			
CA61/5	BV08/7	电阻	<1Ω	OFF 档，断开 BV08、CA61
CA61/7	CA61/5			
CA66/58	CA61/7	电阻	<1Ω	OFF 档，断开 CA61、CA66

如果各段电路电阻均满足标准，说明 VCU 自身存在故障。

5. 故障机理

VCU 通过高压互锁回路判断高压系统连接的完整性，保证高压上电后的车辆安全使用。如果高压互锁回路出现故障，VCU 确认为高压电路连接不正常，为防止安全事故发生，控制整车高压不上电。

工作手册 3.1　驱动系统数据采集与分析

一、任务目的

通过实践训练，学生应该能够借助维修手册，掌握正确查找及拆装驱动系统相关部件的方法；能够正确使用诊断仪、示波器、万用表等检测工具，对教师指定的驱动系统进行数据采集与分析，依据维修手册及相关资料实施故障检测、诊断，并准确填写诊断报告；按照 7S 操作规范整理场地。

二、技能要求

1. 能够正确使用诊断仪、示波器、绝缘测试仪等检测仪器。
2. 能够按照维修手册正确查找驱动系统相关部件位置并掌握拆装方法。
3. 能够正确查阅维修资料、识读和分析电路原理图。
4. 能够依据故障现象、故障码等分析故障形成的机理。
5. 能够依据职业操作规范要求，正确进行 7S 管理和操作。

三、安全事项

1. 确保学生完全在教师的指导下，在授权的范围内进行操作；
2. 禁止在不穿戴安全防护用品的情况下，接触任何车辆的高压电部件。
3. 学生应充分了解其职责范围，绝不擅自对高压电部件进行任何拆装调整。
4. 对高压电动车辆进行功能操作时，必须确保车辆与场地处于安全状态。
5. 高压电动车辆脱离教师监控时必须全车落锁，驶离举升工位并由教师妥善保管钥匙。
6. 在任何时候都应注意自身的人身安全防护。
7. 车辆不可举升过高，举升到需要高度时，要确认保险锁销到位。
8. 工作中及完成任务后，应遵守实训场地 7S 要求。

四、信息收集

学习任务单	驱动系统数据采集与分析	班级：
		姓名：

一、电控系统的结构组成

1. 整车控制原理图

　　_____对驾驶人操作信息（加速踏板、制动踏板以及档位开关）及控制命令进行分析处理，将加速踏板、制动踏板的机械位移量及档位开关状态转换为相应的电信号，根据某种规则将相应电信号转化成驱动电机需要的转矩命令，输入到电机控制器（MCU），控制驱动电机的_____来驱动车辆，以满足驾驶人对车辆驱动的动力性要求。

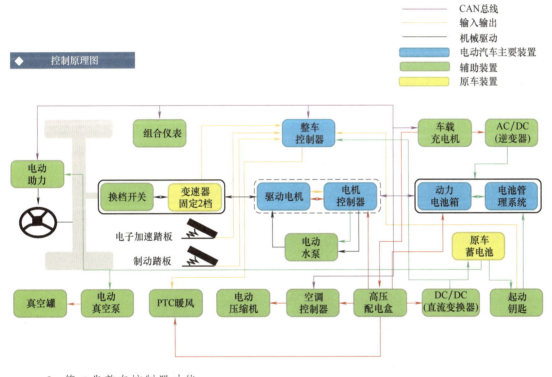

◆ 控制原理图

2. 第二代整车控制器功能

序号	功能	备注	序号	功能	备注
1	驾驶人意图解析	✔	9	故障诊断与处理	✔
2	驱动控制	✔	10	远程控制	✔
3	制动能量回馈控制	✔	11	整车CAN总线网关及网络化管理	✔
4	整车能量优化管理	✔	12	基于CCP的在线匹配标定	✔
5	充电过程控制	✔	13	DC/DC控制、EPS控制	✔
6	高低压上、下电控制：上、下电顺序控制，慢充时序、快充时序	✔	14	档位控制功能	✔
7	电动化辅助系统管理	✔	15	防溜车控制	✔
8	车辆状态的实时监测和显示	✔	16	远程监控	✔

（续）

根据驾驶人对车辆的操纵输入（加速踏板、制动踏板以及选档开关）、车辆状态、道路及环境状况，经分析和处理，向_____发出相应的指令，控制电机的驱动转矩来驱动车辆，以满足驾驶人对车辆驱动的动力性要求；同时根据车辆状态，向_____发出相应指令，保证安全性、舒适性。

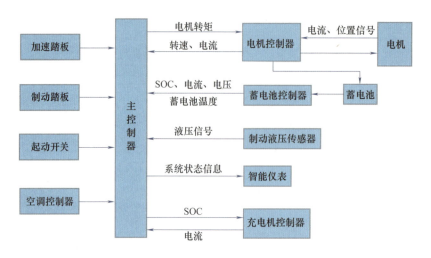

3. 制动能量回馈控制

整车控制器根据加速踏板和制动踏板的开度、车辆行驶状态信息以及动力蓄电池的状态信息（如 SOC 值），来判断某一时刻能否进行制动能量回馈，在满足安全性能、制动性能以及驾驶人舒适性的前提下，回收部分能量，包括_____和_____过程中的电机制动转矩控制。

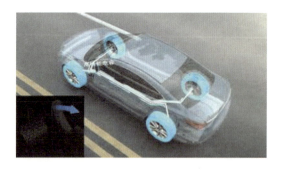

制动能量回馈的原则：_____；_____；_____；_____。

（续）

二、电控系统的电路原理图

在整车的网络管理中，_____是信息控制的中心，负责信息的组织与传输、网络状态的监控、网络节点的管理、信息优先权的动态分配以及网络故障的诊断与处理等功能。通过 CAN（EVBUS）线协调蓄电池管理系统、电机控制器、空调系统等模块相互通信。

基于 CCP 的在线匹配标定的主要作用是监控 ECU 工作变量、在线调整 ECU 的控制参数（包括 MAP、曲线及点参数）、保存标定数据结果以及处理离线数据等。完整的标定系统包括上位机 PC 标定程序、PC 与 ECU 通信硬件连接及 ECU 标定驱动程序 3 个部分。

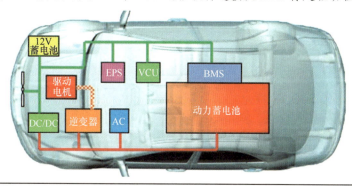

五、制订计划

1. 作业计划

序号	作业项目	操作要点

2. 设备清单

序号	设备名称	规格型号	数量
1	新能源汽车电机展示箱 BTXD0031、电机控制系统教学平台 BTXD0036		各 6 套
2	装备：双柱式或地埋式双柱举升机和电动汽车		1 辆
3	维修手册或电路图		1 套
4	数字万用表、绝缘电阻表、接地电阻仪、故障诊断仪、示波器、万用接线盒、充电桩（或随车充电枪）		各 1 台
5	常用绝缘拆装工具		1 套
6	警示牌、灭火器、人员和工位防护套装		各 1 套

六、任务实施

工作任务单	驱动系统数据采集与分析	班级：
		姓名：

1. 前期准备

基本信息	车辆VIN	
	品牌	
	整车型号	
	发动机型号	
	驱动电机型号	
	工作电压	
	生产日期	
	行驶里程	

2. 安全检查

安全检查	冷却液液位	正常□ 异常（过低□ 过高□ 无□）
	制动液液位	正常□ 异常（过低□ 过高□ 无□）
	蓄电池电压（上高压电前）	正常□ 异常（过低□ 过高□ 无□）
	蓄电池电压（上高压电后）	正常□ 异常（过低□ 过高□ 无□）
	仪表状态（上高压电后）	READY指示灯 亮□ 不亮□ 先亮后熄灭□
	SOC（仪表显示）	
	前机舱插头连接情况	正常□ 异常：
	绝缘防护手套	外观正常□ 异常： 耐压等级：

3. 仪器连接（不需要填写）

4. 数据采集

故障码查询（清除故障码后再次读取）：□无DTC码 □有DTC码

数据流读取与记录：
1）基本数据：

项目	数值	单位	判断
需结合实车进行采集			

2）与故障码特征相关的动态数据记录：

项目	数值	单位	判断

(续)

4. 数据采集

查阅电路图,绘制控制原理简图。要能体现出后面检测对象的关系(相关性)、名称、插头与模块编号、针脚号等信息。

相关电路图页码位置:

5. 数据分析

请根据控制原理、电路图及采集的数据进行分析判断,计划测试的范围,确定测试突破点:

6. 数据测量(根据测量对象,此步骤可多次添加)

1)对被怀疑的部件或电路进行测试/测量(注明插件代码和编号,控制单元针脚代号以及测量结果):

测量/测试部位	
测量/测试条件	
使用设备	
测量/测试结果(数值)	
标准描述	
测量/测试结论(判断结果)	

2)通过上述检查,做出与故障相关的部件或电路的波形。
示波器正表笔连接元件端口编号及针脚号:
示波器负表笔连接部位:
每格电压:_____V   每格时间:_____ms

7. 故障类型与维修方案

根据上述所有检测结果,确定故障内容并注明:

故障部位	□元件损坏 □电路故障
具体故障点(最小范围)	
故障类型	□短路 □断路 □接触电阻
维修方案	□更换 □维修 □调整

8. 故障诊断结论

确认故障点	

(续)

8. 故障诊断结论	
故障机理分析	
提出维修建议	

七、职业素养

驱动系统数据采集与分析		实习日期：	
姓名：	班级：	学号：	教师签名：
自评：□熟练　□不熟练	互评：□熟练　□不熟练	师评：□合格　□不合格	
日期：	日期：	日期：	

驱动系统数据采集与分析 【评分细则】							
序号	评分项	得分条件	分值	评分要求	自评	互评	师评
1	前期准备	正确使用个人防护装备：设置安全护栏、放置警告标识牌、选择正确的绝缘手套（确认外观、绝缘等级、有无漏气）、使用护目镜、车内外三件套	3		□熟练 □不熟练	□熟练 □不熟练	□合格 □不合格
		填写车辆信息（未记录齐全且正确本项不得分）	2		□熟练 □不熟练	□熟练 □不熟练	□合格 □不合格
2	安全检查与仪器连接	完全落下驾驶人侧车窗	1		□熟练 □不熟练	□熟练 □不熟练	□合格 □不合格
		检查确认电子驻车制动器和档位	1		□熟练 □不熟练	□熟练 □不熟练	□合格 □不合格
		使用手电照明检查制动液液位、电机（电池）冷却液液位、暖风水加热补偿水桶液位，且进行液位判断	2		□熟练 □不熟练	□熟练 □不熟练	□合格 □不合格
		检查高压组件外观是否变形、有无油液泄漏	2		□熟练 □不熟练	□熟练 □不熟练	□合格 □不合格
		检查高、低压线束或插接件是否松动（应佩戴绝缘手套等防护用品；如果未佩戴，考官提醒佩戴，并扣分）	2		□熟练 □不熟练	□熟练 □不熟练	□合格 □不合格
		测量并记录低压电源系统电压（静态和上电后），需请示上电（起动）	3		□熟练 □不熟练	□熟练 □不熟练	□合格 □不合格
		检查充电插座（直流、交流）接口处是否有异物、烧蚀（应佩戴绝缘手套等防护用品；如果未佩戴，考官提醒佩戴，并扣分）	2		□熟练 □不熟练	□熟练 □不熟练	□合格 □不合格

（续）

序号	评分项	得分条件	分值	评分要求	自评	互评	师评
2	安全检查与仪器连接	打开起动开关检查高压起动指示灯并记录仪表信息，需请示上电（起动）；记录 SOC	2		□熟练 □不熟练	□熟练 □不熟练	□合格 □不合格
		需关闭起动开关连接诊断仪	1		□熟练 □不熟练	□熟练 □不熟练	□合格 □不合格
3	数据采集与分析	使用诊断仪读取故障码—清除故障码—再次读取故障码，并做好记录	2		□熟练 □不熟练	□熟练 □不熟练	□合格 □不合格
		正确读取 PEU 并记录相关数据流	5		□熟练 □不熟练	□熟练 □不熟练	□合格 □不合格
		正确查询到 PEU 的维修手册（或电路图）	1		□熟练 □不熟练	□熟练 □不熟练	□合格 □不合格
		绘制控制原理简图（要能体现出后面检测对象的关系（相关性）、名称、插头与模块编号、针脚号等信息	10		□熟练 □不熟练	□熟练 □不熟练	□合格 □不合格
		根据控制原理、电路图及采集的数据进行分析判断，计划测试的范围，确定测试突破点	5		□熟练 □不熟练	□熟练 □不熟练	□合格 □不合格
4	数据测量	选择正确的测量仪表：确认表和表笔为 CATIII（本项如果错误，数据记录均不得分）	3		□熟练 □不熟练	□熟练 □不熟练	□合格 □不合格
		使用正确的测量仪表档位：电压测量选择电压档，绝缘测量选择 1000V 绝缘等级，等电位测量选择电阻档（0.01Ω 的精度）	2		□熟练 □不熟练	□熟练 □不熟练	□合格 □不合格
		对被怀疑的部件或电路进行测试 / 测量（注明插件代码和编号、控制单元针脚代号）	3		□熟练 □不熟练	□熟练 □不熟练	□合格 □不合格
		记录测试的条件、使用设备、测量 / 测试结果（数值）	5		□熟练 □不熟练	□熟练 □不熟练	□合格 □不合格
		进行标准描述，并对测量 / 测试结论进行判断	3		□熟练 □不熟练	□熟练 □不熟练	□合格 □不合格
		高压线束测量需遵守"单手操作"原则（先把鳄鱼夹夹到电路的一个端子，然后用另一只表笔接到需测量的端子）测量读数	2		□熟练 □不熟练	□熟练 □不熟练	□合格 □不合格
		表针头短接和触碰任何非目标测量金属部件，不得分	2		□熟练 □不熟练	□熟练 □不熟练	□合格 □不合格
		采集故障相关的部件或电路的波形（注明正表笔连接元件端口编号及针脚号，负表笔连接部位，每格电压和每格时间值），且采集 / 记录正确	10		□熟练 □不熟练	□熟练 □不熟练	□合格 □不合格
5	故障类型与维修方案	填写最小故障范围并在电路图上指出故障点或电路范围	4		□熟练 □不熟练	□熟练 □不熟练	□合格 □不合格
		判断故障类型并进行记录	3		□熟练 □不熟练	□熟练 □不熟练	□合格 □不合格
		根据上述所有检测结果，确定维修方案	3		□熟练 □不熟练	□熟练 □不熟练	□合格 □不合格

（续）

序号	评分项	得分条件	分值	评分要求	自评	互评	师评
6	5S	测量前断开低压插接器插头，需断开辅助蓄电池负极连接且需先关闭起动开关至少 5s	2		□熟练 □不熟练	□熟练 □不熟练	□合格 □不合格
		拆装高压组件（如动力蓄电池母线），需执行高压作业断电流程（关闭起动开关至少 5s→断开辅助蓄电池负极→断开分线盒直流母线或维修开关→对高压检测点进行 live-dead-live 测试验电）并做安全防护（包裹绝缘胶带或用绝缘保护套防护）	5		□熟练 □不熟练	□熟练 □不熟练	□合格 □不合格
		工具零件落地、摆放凌乱或放置在没有防护的车辆、举升台上，不得分	2		□熟练 □不熟练	□熟练 □不熟练	□合格 □不合格
		系统上高压电前复检高、低压插接器连接状态等安全检查	2		□熟练 □不熟练	□熟练 □不熟练	□合格 □不合格
		正确安装辅助蓄电池负极至固定力矩（现场作业调整为预紧即可）	1		□熟练 □不熟练	□熟练 □不熟练	□合格 □不合格
7	收拾工位	去除翼子板护套、方向盘护套、座椅护套、脚垫，移除高压安全警示标识等	2		□熟练 □不熟练	□熟练 □不熟练	□合格 □不合格
		整理工作场地，清洁所有部件和工具	2		□熟练 □不熟练	□熟练 □不熟练	□合格 □不合格
总分：							

八、实训总结

自我反思	
自我评价	

任务二　驱动电机的故障检修

有一辆吉利帝豪 EV450 电动汽车，踩制动踏板并按下起动开关，仪表正常亮，"READY"

灯无法正常亮；蓄电池指示灯、系统故障指示灯等亮，且提示"绝缘故障"。牢固的安全意识、精湛的技艺技能是对维修技工的基本要求，学生应能正确使用诊断仪、示波器、万用表等检测工具，依据维修手册及相关资料排除故障，恢复车辆使用并准确填写诊断报告，按照7S操作规范整理场地，经检验合格后，将诊断报告和钥匙交付前台。

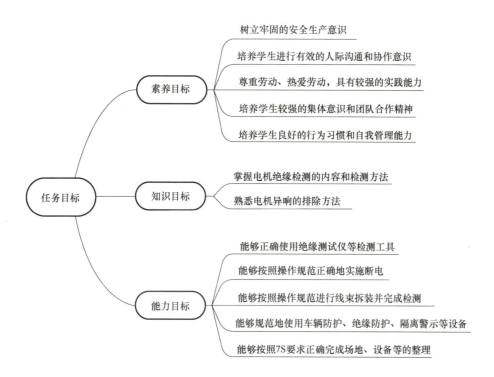

【知识储备】

驱动电机在电动汽车中承担着驱动车辆和发电的双重功能，即在正常行驶时发挥其主要的电动机功能，将电能转化为机械能；减速和下坡滑行时驱动电机转变为发电机，将车辆的惯性动能转换为电能。电驱动系统能量关系如图 3-20 所示。

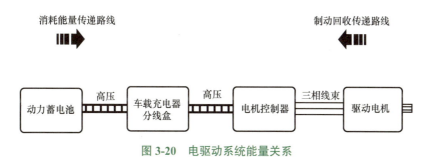

图 3-20　电驱动系统能量关系

【案例1】　驱动电机三相线束故障

1. 高压回路断电

1）操作起动开关使电源模式至 OFF 状态。

2）断开辅助蓄电池负极电缆，放置"禁止接通"警示牌。

3）从车载充电机（OBC）侧断开直流母线，等待 5min，如图 3-21 所示。

图 3-21 断开直流母线

4）用万用表检测电机控制器（MCU）正、负极电压，标准电压：≤ 5V，如图 3-22 所示。

2. 目视检查

检查可能影响电机操作的售后加装装置；检查易于接触或能够看到的系统部件，查明其是否有明显损坏或存在可能导致故障的情况。

3. 检测电机绝缘电阻值

1）按照对角原则，拧松 MCU 盒盖螺栓并打开盒盖，然后拆下直流母线及驱动电机三相线束的固定螺栓，如图 3-23 所示。

图 3-22 测量 MCU 正、负极电压

2）将高压绝缘检测仪的档位调至 1000V。

3）用绝缘检测仪按照表 3-17 测量相应相关绝缘电阻，如图 3-24 所示。

图 3-23 拆下直流母线及驱动电机三相线束固定螺栓　　　　图 3-24 绝缘电阻测量

4）根据测量值确认高压线束绝缘性能是否符合标准。如果不符合标准，修理或更换相应线束。安装过程与拆卸过程的顺序相反。

表 3-17 驱动电机绝缘检测

测量位置 A	测量位置 B	被测物理量	标准值
U 相	电机壳体	绝缘电阻	标准电阻：>20MΩ
V 相	电机壳体		
W 相	电机壳体		
直流母线正极	屏蔽层		
直流母线负极	屏蔽层		

【案例2】 驱动电机的异响检测

客户描述：在陡坡上起步时，驱动电机发出异响，同时车辆出现抖动。

1. 现象分析

引起驱动电机异响、车辆抖动的原因很多，如固定螺栓松动、冷却系统故障、电机清洁问题、旋转变压器故障等。驱动电机在工作过程中一般伴有轻微的电磁噪声，在极低速输出大转矩时电磁噪声会变得更加明显。当遇到此工况时，电机控制器（MCU）就会降低 IGBT 的变换频率，可能会出现电机异响、强烈振动或转速和输出功率达不到要求的现象，这并不意味着电机控制器性能或控制存在问题。检测、诊断顺序一般按照先易后难的原则。

2. 检测过程

（1）检查电机固定螺栓是否紧固

1）操作起动开关使电源模式至 OFF 状态。

2）举升车辆，检查电机后端盖与悬架支架连接螺栓是否紧固，如图 3-25 所示。

3）检查电机前端盖与减速器壳体连接螺栓是否紧固。

若为否，则紧固电机固定螺栓；若为是，则进入下一个检查项目。

图 3-25　检查电机固定螺栓

（2）检查电机冷却系统

1）操作起动开关使电源模式至 ON 状态。

2）检查冷却管路是否老化、变形、渗漏，如图 3-26 所示。

3）确认膨胀水箱、管路无水垢、堵塞现象。

4）确认水泵是否工作正常。

若为否，则优先排除冷却系统故障；若为是，则进入下一个检查项目。

（3）检查电机线束插接器

1）操作起动开关使电源模式至 OFF 状态。

2）检查电机低压线束插接器是否插接牢固、无松脱，如图 3-27 所示。

3）检查电机高压线束插接器是否插接牢固、无松脱。

若为否，则紧固电机线束插接器；若为是，则进入下一个检查项目。

图 3-26　检查电机冷却系统

图 3-27　检查电机线束插接器

(4) 检查驱动电机三相线束紧固力矩

1) 操作起动开关使电源模式至 OFF 状态。

2) 断开辅助蓄电池负极电缆。

3) 断开直流母线并测量正、负极之间的电压,标准电压: ≤ 5V。

4) 检查三相线固定螺栓(电机控制器侧)的紧固力矩是否符合标准。

5) 检查三相线固定螺栓(电机侧)的紧固力矩是否符合标准。

6) 检查电机前端盖与减速器壳体连接螺栓是否紧固。

若为否,则紧固电机三相线束;若为是,则进入下一个检查项目。

(5) 清理、检查前、后端盖

1) 拆卸电机。

2) 用除锈清洗剂清洗端盖,确认端盖无灰尘、无杂物,止口无破损和碰伤。

3) 用内径千分尺(图 3-28)测量轴承室是否有磨损、甩圈,轴承室尺寸合格。

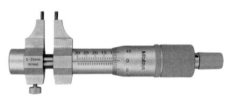

图 3-28 内径千分尺

若需要清理,则清洗或更换端盖;若不需要清理,则进入下一个检查项目。

(6) 清理、检查水套壳体

1) 拆卸电机。

2) 用除锈清洗剂清洗水套端面,要求无灰尘、无杂物,止口无破损、无碰伤。

3) 用密封检测工装检测壳体有无漏气现象。

4) 用水道检测工装检测水道是否有堵塞、水道流量是否满足冷却要求。

5) 复测转子动平衡,若超出规定数值,需重新标定动平衡量。

6) 确认故障是否排除。

若为是,则诊断结束;若为否,则进入下一个检查项目。

(7) 清理、检查转子

1) 拆卸电机。

2) 用电机专用拆装机拆出转子。

3) 用胶带清理转子灰尘、杂物,用除锈剂清除转子的锈迹。

4) 检测转子,要求铁心外径无鼓起、无破损、无剐蹭。

5) 复测转子动平衡,若超出规定数值,需重新标定动平衡量。

6) 确认故障是否排除。

若为是,则诊断结束;若为否,则进入下一个检查项目。

(8) 清理、检查定子

1) 拆卸电机。

2) 用吸尘器清理定子的灰尘,用除锈剂清除定子铁心的锈迹,要求定子表面无灰尘,定子内圆无剐蹭、无杂物,定子线包无损伤,定子绝缘漆无脆裂等。

3) 用耐压绝缘表测试耐压、绝缘。

4) 用定子综合测试仪测试电性能。

5）更换出线端子。

6）检测温度传感器绝缘。

7）更换三相出线和温度传感器出线的绝缘管、热缩管。

8）确认故障是否排除。

若为是，则诊断结束；若为否，则进入下一个检查项目。

(9) 检测旋变定子

1）拆卸电机。

2）用电阻计检测旋变定子电阻值。

3）用耐压绝缘表测试耐压、绝缘。

4）更换旋变信号线出线绝缘管、端子。

5）确认故障是否排除。

若为是，则诊断结束；若为否，则进入下一个检查项目。

(10) 更换前、后轴承

1）拆卸电机。

2）用顶拔器拆除旧轴承，用专用压装工装压轴承内圈，更换新轴承，轴承须装配到位。

3）将轴用轴承挡圈安装到位。

4）确认故障是否排除。

若为是，则诊断结束；若为否，则更换驱动电机。

工作手册 3.2　驱动系统电路测量

【任务描述】

一辆纯电动汽车，诊断发现驱动系统有问题。需要做的工作是，使用万用表、绝缘电阻表、示波器等检测设备对教师指定的驱动系统进行电路测量。请检查问题后，把所有结果告知指导教师。

一、任务目的

通过实践训练，学生应该能够借助维修手册，掌握车辆驱动系统电路测量、检测和故障诊断的方法；能够正确使用诊断仪、示波器、万用表等检测工具，依据维修手册及相关资料实施故障检测、诊断，并准确填写诊断报告；按照 7S 操作规范整理场地。

二、技能要求

1. 能够正确使用诊断仪、示波器、绝缘测试仪等检测仪器。

2. 能够按照维修手册正确检测、排除驱动系统相关故障。

3. 能够正确查阅维修资料、识读和分析线路原理图。

4. 能够依据故障现象、故障码等分析故障形成机理。

5. 能够依据职业操作规范要求，正确进行 7S 管理和操作。

三、安全事项

1. 确保学生完全在教师的指导下，在授权的范围内进行操作。

2. 禁止在不穿戴安全防护用品的情况下，接触任何车辆的高压电部件。

3. 学生应充分了解其职责范围，绝不擅自对高压电部件进行任何拆装调整。

4. 对高压电动车辆进行功能操作时，必须确保车辆与场地处于安全状态。

5. 高压电动车辆在脱离教师监控时必须全车落锁，驶离举升工位并由教师妥善保管钥匙。

6. 在任何时候都应注意自身的人身安全防护。

7. 车辆不可举升过高，举升到需要高度时，要确认保险锁销到位。

8. 工作中及完成任务后，应遵守实训场地 7S 要求。

四、信息收集

学习任务单	驱动系统电路测量	班级：
		姓名：

1. 填写接插件定义

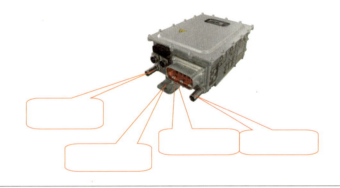

2. 填写端子号定义

接插件名称	端子号	功能定义
电机控制器交流输出端	U	
	V	
	W	

(续)

3. 测量绝缘电阻

测量对象	测量项目	测量要求	参考值	实测值
电机控制器交流输出	U 绝缘电阻	测试电压为 1000V	≥ 100MΩ	
	V 绝缘电阻		≥ 100MΩ	

4. 填写端子号定义

电机控制器电缆插件

接插件名称	端子号	功能定义
电机控制器高压输入 H1c	1	

电机控制器电缆插件

接插件名称	端子号	功能定义
电机控制器高压输入 H1d	1	

5. 测量电机控制器接插件绝缘电阻

测量对象	测量项目	测量要求	参考值	实测值
电机控制器高压输入	H1c	测试电压为 1000V	≥ 100MΩ	
	H1d		≥ 100MΩ	

五、制订计划

1. 作业计划

序号	作业项目	操作要点

2. 设备清单

序号	设备名称	规格型号	数量
1	装备：双柱式或地埋式双柱举升机和电动汽车		1 辆
2	维修手册和电路图		1 套
3	数字万用表、绝缘电阻表、接地电阻仪、示波器、万用表接线盒、充电桩（或随车充电枪）、高压作业工具箱		各 1 套

（续）

序号	设备名称	规格型号	数量
4	常用绝缘拆装工具		1套
5	警示牌、灭火器、人员和工位防护套装		各1套
计划审核	审核意见： 年　月　日　签字：		

六、任务实施

工作任务单	驱动系统电路测量	班级：
		姓名：

1. 车辆信息记录

品牌		整车型号		生产日期	
电机型号		动力蓄电池容量		行驶里程	
车辆识别代号					

2. 安全检查

检查项目	检查情况
冷却液液位	正常□　异常（过低□　过高□　无□）
制动液液位	正常□　异常（过低□　过高□　无□）
蓄电池电压（上高压电前）	正常□　异常（过低□　过高□　无□）
蓄电池电压（上高压电后）	正常□　异常（过低□　过高□　无□）
仪表状态（上高压电后）	READY指示灯 亮□　不亮□　先亮后熄灭□
SOC（仪表显示）	
前机舱插头连接情况	正常□　异常：
绝缘防护手套	外观正常□　异常： 耐压等级：

3. 电路分析

查阅电路图，绘制控制原理简图。要能体现出后面检测对象的关系（相关性）、名称、插头与模块编号、针脚号等信息。回答下面的问题：

1）相关电路图页码位置：
2）PEU 的常电供电熔丝为_____，_____A，请在实车上找出该熔丝（在配电盒中）。
3）PEU 的 15 电供电熔丝为_____，_____A，请在实车上找出该熔丝（在配电盒中）。
4）DC/DC 的供电熔丝为_____，_____A，请在实车上找出该熔丝（在配电盒中）。
5）PEU 的常电线束中间插接器代号为_____，请在实车上找出该插接器插头。
6）PEU 模块端的线束插接器代号为_____，请在实车上找出该插接器插头。
7）PEU 模块的车身搭铁点代号为_____，请在实车上找出该搭铁点。
8）PEU 模块端的互锁线束插件代码和针脚号为_____，通过中间插接器_____至_____。
9）PEU 模块端的唤醒线束插件代码和针脚号为_____，通过中间插接器_____至_____。
10）电机端的旋变信号插件代码为_____，正弦和余弦的线束颜色分别为_____、_____，请在实车上找出该插件插头。
11）PEU 直流母线的线束插接器代号为_____，请在实车上找出该插接器插头。
12）PEU 三相线束插接器代号为_____，请在实车上找出该插接器插头。

154

（续）

4. 电路测量		
电路测量	请根据电路图、维修手册（端子示意图）进行电路测量。 相关端子示意图页码位置： 1）进行电路测量（注明插件代码和编号，控制单元针脚代号以及测量结果）：	
	测量/测试部位	B+ 电压
	线脚号（模块端）	
	颜色与作用（定义）	
	测量/测试条件	
	使用设备	
	测量/测试结果（数值）	
	标准描述	
	测量/测试结论（判断结果）	
	测量/测试部位	EF32 自身
	测量/测试条件	
	使用设备	
	测量/测试结果（数值）	
	标准描述	
	测量/测试结论（判断结果）	
	测量/测试部位	EF32~B+ 电阻
	测量/测试条件	
	使用设备	
	测量/测试结果（数值）	
	标准描述	
	测量/测试结论（判断结果）	
	测量/测试部位	IG 信号：CA01/a~CA58 电阻
	线脚号	
	颜色与作用（定义）	
	测量/测试条件	
	使用设备	
	测量/测试结果（数值）	
	标准描述	
	测量/测试结论（判断结果）	
	测量/测试部位	余弦信号电阻
	线脚号（模块端）	
	颜色与作用（定义）	
	测量/测试条件	
	使用设备	
	测量/测试结果（数值）	
	标准描述	
	测量/测试结论（判断结果）	

(续)

电路测量	测量/测试部位	正弦信号电阻
	线脚号（模块端）	
	颜色与作用（定义）	
	测量/测试条件	
	使用设备	
	测量/测试结果（数值）	
	标准描述	
	测量/测试结论（判断结果）	
	测量/测试部位	励磁信号电阻
	线脚号（模块端）	
	颜色与作用（定义）	
	测量/测试条件	
	使用设备	
	测量/测试结果（数值）	
	标准描述	
	测量/测试结论（判断结果）	
	测量/测试部位	BV28线束绝缘电阻
	测量/测试条件	
	使用设备	
	测量/测试结果（数值）	
	标准描述	
	测量/测试结论（判断结果）	
	2）测量旋变信号的波形。 示波器正表笔连接元件端口编号及针脚号： 示波器负表笔连接部位： 每格电压：_____V　每格时间：_____ms	

5. 故障类型与维修方案

根据上述所有检测结果，确定故障内容并注明：

故障部位	□元件损坏　□电路故障
具体故障点（最小范围）	
故障类型	□短路　□断路　□接触电阻
维修方案	□更换　□维修　□调整

（续）

6. 故障诊断结论	
确认故障点	
故障机理分析	
提出维修建议	

七、职业素养

驱动系统电路测量		实习日期：	
姓名：	班级：	学号：	教师签名：
自评：□熟练　□不熟练	互评：□熟练　□不熟练	师评：□合格　□不合格	
日期：	日期：	日期：	

驱动系统电路测量【评分细则】

序号	评分项	得分条件	分值	评分要求	自评	互评	师评
1	安全/7S/态度	□ 1. 能进行工位 7S 操作 □ 2. 能进行设备和工具安全检查 □ 3. 能进行车辆安全防护操作 □ 4. 能进行人员高压安全防护操作 □ 5. 能进行三不落地操作	15	未完成1项扣3分	□熟练 □不熟练	□熟练 □不熟练	□合格 □不合格
2	专业技术能力	□ 1. 能正确地检查车辆基本状态 □ 2. 能正确地检查驱动电机位置传感器故障现象 □ 3. 能正确地读取故障码及数据流信息 □ 4. 能正确地分析故障原因 □ 5. 能正确地制订检测流程 □ 6. 能正确地使用检测设备执行检测 □ 7. 能正确地找到故障点 □ 8. 能正确地分析故障机理 □ 9. 能提出合理的维修建议	50	未完成1项扣5分	□熟练 □不熟练	□熟练 □不熟练	□合格 □不合格
3	工具及设备使用能力	□ 1. 能正确地使用维修工具 □ 2. 能正确地使用充电装置 □ 3. 能正确地使用万用表、诊断仪、示波器等诊断设备	10	未完成1项扣3分	□熟练 □不熟练	□熟练 □不熟练	□合格 □不合格
4	资料、信息查询能力	□ 1. 能正确地查询车辆信息 □ 2. 能正确地使用维修手册查询资料 □ 3. 能正确地记录查询资料章节及页码 □ 4. 能正确地记录检查状态信息	10	未完成1项扣3分	□熟练 □不熟练	□熟练 □不熟练	□合格 □不合格

(续)

序号	评分项	得分条件	分值	评分要求	自评	互评	师评
5	数据判断和分析能力	□ 1. 能判断驱动电机位置传感器故障仪表状态 □ 2. 能判断仪表指示灯状态 □ 3. 能判断故障码 □ 4. 能判断数据流 □ 5. 能分析诊断仪器检测结果	10	未完成1项扣2分	□熟练 □不熟练	□熟练 □不熟练	□合格 □不合格
6	表单填写报告的撰写能力	□ 1. 字迹清晰 □ 2. 语句通顺 □ 3. 无错别字 □ 4. 无涂改 □ 5. 无抄袭	5	未完成1项扣1分	□熟练 □不熟练	□熟练 □不熟练	□合格 □不合格
总分：							

八、实训总结

自我反思	
自我评价	

任务三　电机冷却系统的故障

【任务描述】

踩下制动踏板，车辆能够上高压电且能够正常运行。车辆正常运行一段时间后，踩加速踏板车辆无法加速，同时仪表左侧限功率指示灯亮，而其他功能正常。作为一名新能源汽车维修技工，应能正确使用诊断仪、示波器、万用表等检测工具，依据维修手册及相关资料排除故障，并准确填写诊断报告，按照7S操作规范整理场地，经检验合格后，将诊断报告和钥匙交付前台。

项目三 驱动电机系统故障检修

```
                    ┌─ 树立牢固的安全生产意识
                    ├─ 培养学生进行有效的人际沟通和协作意识
         ┌─ 素养目标 ┼─ 尊重劳动、热爱劳动，具有较强的实践能力
         │          ├─ 培养学生较强的集体意识和团队合作精神
         │          └─ 培养学生良好的行为习惯和自我管理能力
         │
         │          ┌─ 了解电机冷却系统的构成
任务目标 ┼─ 知识目标 ┼─ 掌握水泵电动机的控制原理
         │          └─ 掌握冷却风扇的控制原理
         │
         │          ┌─ 能够正确地使用诊断仪等检测工具
         │          ├─ 能够按照操作规范正确地实施断电
         └─ 能力目标 ┼─ 能够正确地查阅维修资料和分析电路原理图
                    ├─ 能够按照维修规范正确地完成冷却系统的故障诊断与排除
                    ├─ 能够规范使用车辆防护、绝缘防护、隔离警示等设备
                    └─ 能够按照7S要求正确地完成场地、设备等的整理
```

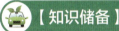

一、电机冷却系统的组成与工作原理

驱动电机、电机控制器以及 DC/DC 变换器在工作时均会产生热量。驱动电机工作时，电流流过定子绕组产生的铜损耗、铁心磁通变化产生的铁磁损耗等最终转化为热能，温升能够降低驱动电机的使用寿命和额定容量。电机控制器中大功率 IGBT 发热决定于本身的换流损耗，频率越高损耗越大。DC/DC 变换器工作时会有大量热量产生，如果不能及时冷却将导致损坏。吉利帝豪 EV450 电机冷却系统在整车上的位置如图 3-29 所示。

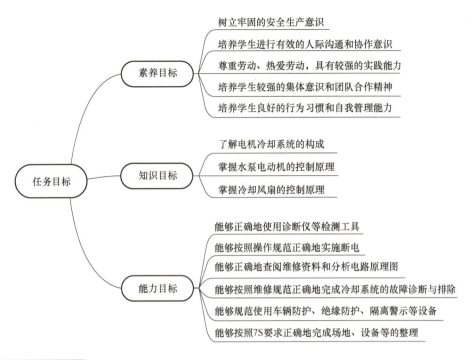

图 3-29 吉利帝豪 EV450 电机冷却系统在整车上的位置

1—膨胀罐 2—散热器 3—散热器风扇
4—冷却水泵 5—三通阀

1. 电机冷却系统的组成

吉利帝豪 EV450 电机冷却系统的结构如图 3-30 所示，主要由散热器、膨胀罐（储液罐）、电动水泵以及三通阀和冷却管路等部件构成，其电路图如图 3-31 所示。

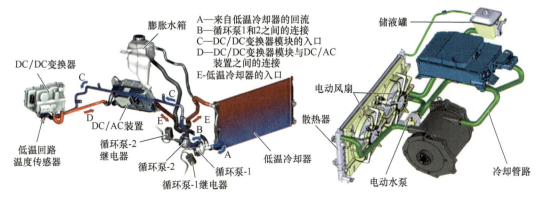

图 3-30 吉利帝豪 EV450 电机冷却系统的结构

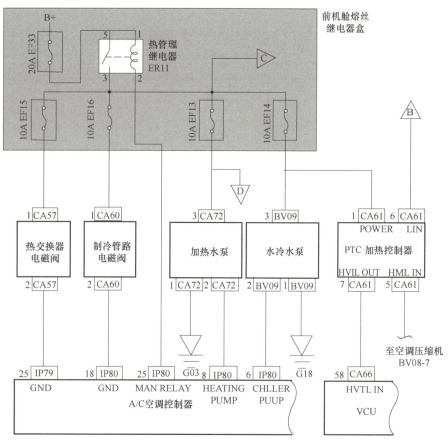
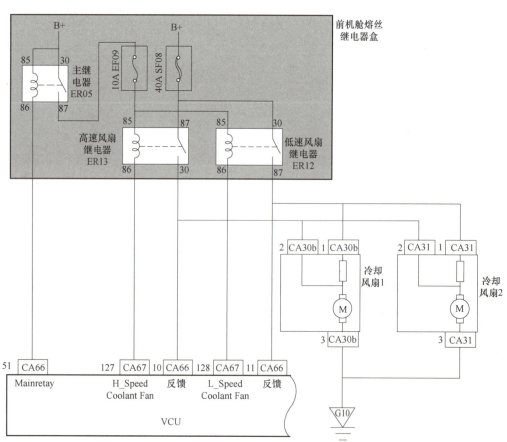

图 3-31 吉利帝豪 EV450 电机冷却系统电路图

（1）膨胀水箱　膨胀水箱用于储存冷却液。吉利帝豪EV450的膨胀水箱总成如图3-32所示。膨胀水箱是一个透明塑料罐，类似于前风窗玻璃清洗剂罐，通过水管与散热器连接。冷却液随着其温度逐渐升高而膨胀，部分冷却液因膨胀而从车载充电器中流入膨胀水箱；散热器和液道中滞留的空气也被排入膨胀水箱。

车辆停止后，冷却液自动冷却并收缩，先前排出的冷却液被吸回散热器，使散热器中的冷却液一直保持在合适的液面，提高冷却效率。当冷却系统处于冷态时，冷却液面应保持在膨胀水箱上的L线（最低）和F线（最高）标记之间。

图3-32　膨胀水箱总成

（2）冷却液　吉利帝豪EV450采用的冷却液为符合SH0521要求的电机用乙二醇型电机冷却液（防冻液），冰点≤-40℃，禁止使用普通清水。不同型号的电机冷却液不能混用，冷却液加注量为7L。吉利帝豪EV450电动汽车上冷却系统采用的冷却液与空调系统采用的暖风冷却液成分相同。

（3）散热器与冷却风扇　吉利帝豪EV450电动汽车的散热器与水管、冷却风扇分别如图3-33、图3-34所示。冷却风扇总成安装在前机舱内散热器的后部，它可增加散热器和空调冷凝器的通风量，从而有助于加快车辆低速行驶时的冷却速度。风扇采用双风扇、高低速的控制模式，通过两个不同的电动机驱动扇叶。冷却风扇由整车控制模块（VCU）利用冷却风扇低速继电器和冷却风扇高速继电器直接控制，在低速电路中，采用串联调速电阻的方式来改变风扇的转速。其冷却风扇规格见表3-18。

 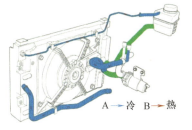 

图3-33　吉利帝豪EV450电动汽车的散热器与水管　　图3-34　吉利帝豪EV450电动汽车的冷却风扇

表3-18 冷却风扇规格

项目	参数	单位
额定电压	直流 12 ± 0.1	V
额定电流（高速档）	≤ 20	A
额定电流（低速档）	≤ 15	A
额定转速（高速档）	2300 ± 230	r/min
额定转速（低速档）	1900 ± 190	r/min
额定噪声	≤ 72+2.5	dB
额定风量	2500 ± 100	m³/h
单侧风扇不平衡量	20	g·mm

注意：在车辆运行时，前机舱下的冷却风扇会因启动而伤人，维修作业过程中应保持手、衣服和工具远离前机舱下的电动风扇。如果风扇叶片有任何程度的弯曲或损坏，不要修理或重复使用损坏的部件，必须更换弯曲或损坏的风扇叶片。损坏的风扇叶片不能保证正常的平衡，在连续工作中可能出现故障或飞脱，这种情况非常危险。

（4）冷却水泵 吉利帝豪 EV450 冷却水泵如图 3-35 所示。冷却水泵（电动机）串联在冷却风扇和 MCU 之间，为冷却液流动提供动力。冷却水泵规格见表 3-19。

图 3-35 吉利帝豪 EV450 冷却水泵

表3-19 冷却水泵规格

项目	参数	单位
工作电压范围	8~16.5	V
流量（10kPa 水压）	1100	L/H
流量（14kPa 水压）	900	L/H
流量（20kPa 水压）	600	L/H
环境温度	−40~135	℃
调速方式	PWM/LIN 信号	—

2. 工作原理

电机冷却系统工作原理示意图如图 3-36 所示。冷却液的流向是：从散热器下部出来后，经水泵后先冷却电机控制器，从电机控制器流出的冷却液进入车载充电机低位进水口，然后流出到驱动电机的冷却管路中，最后回流到散热器的上回流口，形成水循环系统。冷却过程中，冷却液会因为温度升高而膨胀，溢出的冷却液经过溢流管进入膨胀水箱；温度下降时，冷却液由膨胀水箱经过三通阀进入冷却管路。

二、电机冷却系统控制

VCU 通过 PCAN 总线接收到 MCU、DC/DC 变换器等发送的热管理启动请求信号及热管理等级后,向冷却水泵继电器、散热器高速/低速风扇继电器发出相应控制信号,控制电机冷却系统工作。电机冷却系统电气原理示意图如图 3-37 所示。

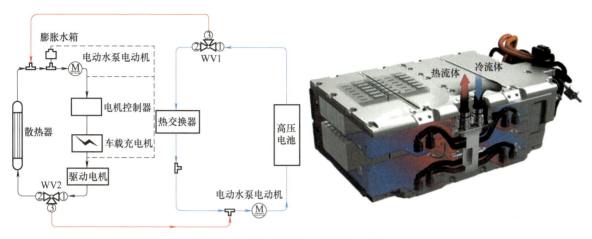

图 3-36 电机冷却系统工作原理示意图

1. 冷却水泵控制电路

(1) 冷却水泵控制　水泵电动机控制电路如图 3-38 所示。VCU 从端子 CA67/115 输出低电平(–0.7V),水泵继电器(ER04)触点闭合,+B 电源通过熔丝 EF06(10A)连接到水泵(电动机)端子 BV14/3,为水泵提供电源。

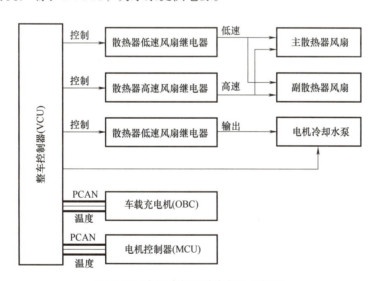

图 3-37 电机冷却系统电气原理框图

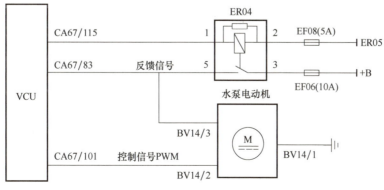

图 3-38 水泵电动机控制电路

VCU 通过检测端子 CA67/83 电压,判断水泵继电器(ER04)工作状态以及水泵 +B 电源供电状态。如果 VCU 检测到端子 CA67/83 电压为 0V,即可判断水泵继电器(ER04)工作异常,水泵电源供电异常,VCU 内部生成故障码。

(2)冷却水泵控制策略 VCU 通过 PCAN 总线接收到 MCU、DC/DC 变换器、OBC 发送的热管理启动请求信号及热管理等级后,从端子 CA67/101 输出一个幅值约为 2.2V 的 PWM 信号,该信号进入水泵电动机后被水泵电动机控制单元上拉至 10.8V 左右。VCU 通过调整 PWM 脉冲占空比,控制水泵电动机的转速,占空比越大,水泵电动机的转速越高,冷却液循环速度越快。水泵电动机控制温度表见表 3-20。如果水泵电动机电源正常(即 BV14/3 电压正常),而水泵电动机 PWM 控制信号出现异常,水泵电动机将一直高速运转,防止电控系统过温,引起安全事故。

表 3-20 水泵电动机控制温度表

名称	检测对象	温度 /℃	水泵状态
水泵电机	IGBT 温度	>45	开启
		<35	关闭
	电机温度	>60	开启
		<50	关闭
	OBC 温度	>50	开启
		<40	关闭
过温保护 零转矩输出	IGBT 温度	>90	开启
	电机温度	>140	

如果水泵继电器(ER04)自身、供电及控制电路出现故障,会导致水泵电动机无法运转,如果车辆长时间运行,可能导致电控系统温度过高,致使系统启动限功率保护功能,车辆无法加速,严重时车辆可能停止运行。

2. 冷却风扇控制

(1)冷却风扇高/低速控制 吉利 EV 系列冷却风扇采用双风扇、高低速的控制模式。冷却风扇的开启和停止由 VCU 根据温度需求,利用冷却风扇低速和高速继电器直接控制。在低速电路中,采用串联调速电阻的方式改变风扇转速。风扇控制电路如图 3-39 所示。

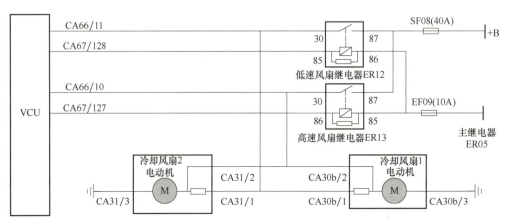

图 3-39 风扇控制电路

VCU 接收到 MCU、OBC 通过 PCAN 总线发送的低等级热管理系统启动请求后,从端子 CA67/128 输出低电平,低速风扇继电器线圈通电流,触点闭合,为冷却风扇 1 的端子 CA30b/1 和冷却风扇 2 的端子 CA31/1 提供工作电源,+B 经调速电阻分压后连接到冷却风扇电动机,使风扇低速旋转。

VCU 通过检测端子 CA66/11 电压,判断继电器工作状态及低速风扇电源供电状态。VCU 检测到端子电压为 +B 时,判断为继电器状态良好,低速风扇电源供电正常;如果检测到端子电压为 0V,判断为继电器工作异常,低速风扇电源供电异常,VCU 内部生成故障码。

VCU 接收到 MCU、OBC 通过 PCAN 总线发送的高等级热管理系统启动请求后,从端子 CA67/127 输出低电平,高速风扇继电器触点闭合,+B 直接连接到冷却风扇电动机,使风扇高速旋转。

(2)冷却风扇控制策略　MCU、OBC 通过温度传感器检测电机绕组温度、MCU 内部 IGBT 散热板温度、OBC 内部 IGBT 散热板温度,如果任一温度超过设定的安全值,则通过 PCAN 总线发送热管理信号至 VCU,VCU 接收到此信号后,控制冷却风扇运转。风扇运转和停止控制策略见表 3-21。

表 3-21　风扇运转和停止控制策略

名称	检测对象	温度 /℃	水泵状态
冷却风扇 1 冷却风扇 2	MCU 内部 IGBT 温度	>55	低速风扇开启
		<50	低速风扇关闭
		>65	高速风扇开启
		<60	高速风扇关闭
	电机温度	>75	低速风扇开启
		<70	低速风扇关闭
		>80	高速风扇开启
		<75	高速风扇关闭
	OBC 温度	>80	低速风扇开启
		<70	低速风扇关闭
过温保护 零转矩输出	IGBT 温度	>90	高速风扇开启
	电机温度	>140	

【案例1】 驱动电机温度传感器故障

客户描述:踩下加速踏板,车辆速度无法提升,仪表出现 符号,仪表信息如图 3-40 所示。

1. 现象分析

踩制动踏板数次后并保持,打开起动开关,仪表上"READY"灯正常亮;仪表上出现 符号,说明驱动电机功率受限;此时可听见前机舱内电子水泵高速运转声,但冷却风扇不运转;挂入前进档进行道路测试,车辆最高速度只能达到 6km/h。

图 3-40　仪表信息

引起限功率行驶的主要原因有：电机温度传感器信号、动力蓄电池 SOC 过低（SOC≤30%）或单体电池欠电压、MCU 自身故障等。该案例中，不存在动力蓄电池 SOC 过低的问题，动力蓄电池故障指示灯未亮，说明 BMS 电源、通信、内部自检正常，因此可以排除动力蓄电池 SOC 过低（SOC≤30%）或单体蓄电池低电压、欠电压等情况。因此，故障很可能是电机温度传感器信号、MCU 自身故障等导致的。

2. 原理简介

吉利帝豪 EV450 的电机温度检测电路如图 3-41 所示。吉利帝豪 EV450 设置了 2 个温度传感器用来检测电机定子绕组温度。MCU 内部为两个温度传感器提供约 +5V 电源电压，温度检测信号分别从 R1+、R2+ 反馈到 MCU，R1-、R2- 分别为两个传感器的接地信号，在 MCU 内部形成回路。为提高车辆使用可靠性，如果一个温度传感器出现故障，MCU 将使用另一个传感器来替代，保障车辆正常使用；如果 2 个传感器都出现故障，将启动整车限功率保护。

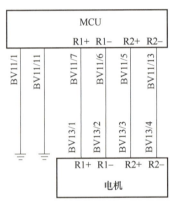

图 3-41　吉利帝豪 EV450 的电机温度检测电路

正常情况下，测量端子 R1+、R2+ 与搭铁之间的电压，应该在 0~5V 之间；测量端子 R1-、R2- 与搭铁之间的电压，应该为 0V；当传感器烧坏或相关电路断路时，测量端子 R1+、R2+ 与搭铁之间的电压，其电压接近 5V。

3. 故障诊断过程

（1）**连接诊断仪**　连接诊断仪到 OBD 接口，踩制动踏板并保持，打开起动开关，使用诊断仪与 VCU、MCU 通信，读取故障码，见表 3-22 和表 3-23。

表 3-22　VCU 故障码

故障码	代码说明
P1C3304	电机控制器故障等级 1（降功率）

表 3-23　MCU 故障码

故障码	代码说明
P0A2D00	定子温度最小值小于阈值
P0A2C00	定子温度最大值超过阈值
P0A2B00	定子温度过温

（2）故障码分析　故障码不仅将故障指向电机温度传感器，而且说明电机温度传感器输出电压异常。通过诊断仪的数据流查看功能读取电机温度数值，相关数据流见表3-24，数据流也表明了电机温度异常。因此，可能的故障可以进一步确定为：

1）电机传感器故障。

2）电机传感器电路故障。

3）MCU自身故障。

表3-24　相关数据流

名称	数值	单位
母线电压	343	V
滤波后的母线电压	343	V
母线电流	2	A
滤波后的母线电流	2	A
定子温度	<–40	℃

（3）温度传感器检测　吉利帝豪EV450的电机温度传感器采用负温度系数传感器，阻值随温度升高而降低。–40℃时，正常电阻阻值约为（241±20）Ω；20℃时，正常电阻阻值约为（13.6±0.8）Ω；85℃时，正常电阻阻值约为（1.6±0.1）Ω。

1）操作起动开关使电源模式至OFF状态。

2）断开辅助蓄电池负极电缆。

3）断开BV13接插件，测量温度传感器电阻值。

4）从插座端用万用表按表3-25对温度传感器R1、R2与车身的连接情况进行测量。

表3-25　温度传感器R1、R2测量参数

测量位置A	测量位置B	物理量	标准值	检测目的
BV13/1	车身搭铁	电阻	标准电阻：>10kΩ	R1+、R1–与车身之间是否正常
BV13/2	车身搭铁			
BV13/3	车身搭铁	电阻	标准电阻：>10kΩ	R2+、R2–与车身之间是否正常
BV13/4	车身搭铁			

根据测量值判断温度传感器R1和R2是否符合标准、是否在驱动电机内部出现与车身连接故障。如果不符合标准，则更换驱动电机；如果符合标准，则进行传感器电路检测。

（4）温度传感器R1电路检测　温度传感器有R1+、R1–两条信号线，其中R1–是信号地线，正常情况下与搭铁线连接；R1+是温度传感器的信号输出线。

1）操作起动开关使电源模式至OFF状态。

2）断开辅助蓄电池负极电缆。

3）断开驱动电机线束插接器BV13。

4）断开电机控制器线束插接器BV11。

5）从线束端用万用表按表3-26对温度传感器R1的连接电路进行测量。

表 3-26 温度传感器 R1 测量参数

测量位置 A	测量位置 B	物理量	标准值	检测目的
BV13/1	BV11/7	电阻	标准电阻：<1Ω	R1+、R1- 信号线是否正常
BV13/2	BV11/6	电阻	标准电阻：<1Ω	R1+、R1- 信号线是否正常
BV13/1	BV13/2	电阻	标准电阻：>10kΩ	R1+、R1- 之间是否正常
BV13/1	车身搭铁	电阻	标准电阻：>10kΩ	R1+、R1- 与车身之间是否正常
BV13/2	车身搭铁	电阻	标准电阻：>10kΩ	R1+、R1- 与车身之间是否正常

6）确认测量值是否符合测量标准并确定故障点。如果测量值不符合标准；维修或更换线束；如果测量值符合标准，则对温度传感器 R2 的连接线束进行测量。

（5）温度传感器 R2 电路检测　温度传感器 R2 的信号线与温度传感器 R1 相同。

1）操作起动开关使电源模式至 OFF 状态。

2）断开辅助蓄电池负极电缆。

3）断开驱动电机线束插接器 BV13。

4）断开电机控制器线束插接器 BV11。

5）从线束端用万用表按表 3-27 对温度传感器 R2 的连接电路进行测量。

表 3-27 温度传感器 R2 测量参数

测量位置 A	测量位置 B	物理量	标准值	检测目的
BV13/3	BV11/5	电阻	标准电阻：<1Ω	R2+、R2- 信号线是否正常
BV13/4	BV11/13	电阻	标准电阻：<1Ω	R2+、R2- 信号线是否正常
BV13/3	BV13/4	电阻	标准电阻：>10kΩ	R2+、R2- 之间是否正常
BV13/3	车身搭铁	电阻	标准电阻：>10kΩ	R2+、R2- 与车身之间是否正常
BV13/4	车身搭铁	电阻	标准电阻：>10kΩ	R2+、R2- 与车身之间是否正常

6）确认测量值是否符合测量标准并确定故障点。如果测量值不符合标准，维修或更换线束；如果测量值符合标准，则更换电机控制器。

4. 故障机理

驱动电机温度传感器信号故障，导致系统启动保护功能，从而使车辆功率受限。

【案例2】 冷却水泵故障

客户描述：车辆行驶过程中，仪表出现 符号，踩下加速踏板，车辆速度维持在 6km/h 左右，无法上升，然后下降为 0，冷却风扇高速运转，仪表信息如图 3-42 所示。

图 3-42 仪表信息

1. 现象分析

仪表上"READY"灯正常亮，说明 VCU、BMS、MCU 等通信正常；仪表上出现符号，说明驱动电机功率受限；车辆速度从 6km/h 下降为 0，说明驱动电机功率从限功率行驶转变为零转矩输出。

引起限功率行驶的主要原因有：电机温度传感器信号异常、电机冷却系统故障、动力蓄电池 SOC 过低（SOC ≤ 30%）或单体蓄电池欠电压、MCU 自身故障等。该案例中，不存在动力蓄电池 SOC 过低的问题；动力蓄电池故障指示灯未亮，说明 BMS 电源、通信、内部自检正常，因此可以排除单体蓄电池欠电压等原因。冷却风扇能够高速运转，可以排除电机冷却系统中的风扇故障。因此，可初步判断电机温度传感器信号异常导致该现象。引起温度传感器信号异常的原因有：

1）电机温度传感器及电路故障。
2）冷却水泵及电路故障。
3）MCU 自身故障。
4）冷却管路堵塞。

2. 原理简介

水泵电动机控制电路如图 3-43 所示。VCU 从端子 CA67/115 输出低电平（<0.7V），水泵继电器（ER04）触点闭合，+B 电源通过熔丝 EF06（10A）连接到水泵（电机）端子 BV14/3，为水泵提供电源。

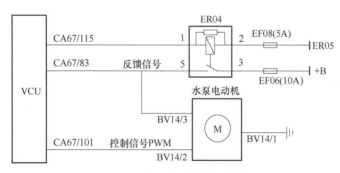

图 3-43 水泵电动机控制电路

VCU 通过检测端子 CA67/83 电压，判断水泵继电器（ER04）工作状态以及水泵 +B 电源供电状态。如果 VCU 检测到端子 CA67/83 电压为 0V，即判断水泵继电器（ER04）工作异常，水泵电源供电异常，VCU 内部生成故障码。

3. 故障诊断过程

（1）连接诊断仪　连接诊断仪到 OBD 接口，踩制动踏板并保持，打开起动开关，使用诊断仪与 VCU、MCU 通信，读取故障码。VCU 故障码见表 3-28，MCU 无故障码。

表 3-28　VCU 故障码

故障码	代码说明
P1C1352	电机水泵继电器故障
P1C7604	电机系统水泵 PWM 控制信号开路

（2）故障码分析　故障码 P1C1352：电机水泵继电器故障，说明 VCU 没有从端子

CA67/83 检测到水泵继电器反馈信号，由此生成该故障码。正常情况下，VCU 从端子 CA67/101 输出的幅值为 2.2V 的 PWM 脉冲，进入水泵电动机后，由 +B 电源上拉至幅值为 11V 左右的 PWM 脉冲信号。故障码 P1C7604：电机系统水泵 PWM 控制信号开路，说明 VCU 没有从端子 CA67/101 检测到幅值为 11V 左右的 PWM 脉冲信号，因此生成"电机系统水泵 PWM 控制信号开路"的故障码。这与前面介绍的电机温度传感器及其电路故障的代码有着明显不同。综合上述分析，可能的故障可以进一步确定为：

1）水泵继电器供电电路故障。

2）水泵继电器控制电路故障。

3）水泵继电器自身故障。

（3）水泵继电器供电电路检测　主继电器 ER05、熔丝 EF08 不仅为水泵电机提供工作电源，同时为高速/低速风扇提供电源。在该案例中，高速/低速风扇能够正常运转，因此可排除 EF08 及主继电器 ER05 存在故障的可能。

1）操作起动开关使电源模式至 ON 状态。

2）用万用表按照表 3-29 中的顺序进行熔丝检测。

表 3-29　水泵继电器供电线路检测

测量位置 A	测量位置 B	物理量	标准值	说明
EF06 近 +B 侧	车身搭铁	电压	标准电压：11~14V	异常：说明 EF06 至 +B 电路存在故障 正常：下一步检查 EF06 近 ER04 侧电压
EF06 近 ER04 侧	车身搭铁			正常：在前一步检测电压正常的情况下，说明 EF06 正常，故障可能由 ER04 本身或其他控制电路导致 异常：说明 EF06 存在故障，应进一步检查 EF06

3）操作起动开关使电源模式至 OFF 状态，断开低压蓄电池负极；拔下 EF06 熔丝，按照图 3-44 所示进行熔丝电阻测量，标准电阻：≤ 1Ω。如果熔丝出现熔断或虚接，则电路中可能存在搭铁故障，应进一步查找导致熔丝熔断的原因。

图 3-44　EF06 熔丝检测

如果 EF06 近 ER04 侧对地电压正常，则进行下一步检测。

（4）水泵继电器控制电路检测

1）操作起动开关使电源模式至 OFF 状态。

2）断开辅助蓄电池负极电缆。

3）拔下继电器 ER04。

4）拔下 CA67 插头，从线束端用万用表按照表 3-30 中的顺序进行水泵继电器电路检测。

（5）继电器 ER04 检测　拔下 ER04 继电器，首先用万用表检测 ER04 继电器线圈电阻值，标准电阻：60~200Ω。如果线圈电阻值符合标准，将 ER04 继电器的脚 1 和脚 2 接辅助蓄电池正、负极，用万用表检测继电器触点是否闭合。如果继电器 ER04 正常，则应进行冷却系统循环管路检查。

4. 故障机理

冷却水泵继电器及其电路故障将会造成冷却水泵无法正常工作，导致电机控制器、驱动电机温度过高，导致系统启动保护功能，从而使车辆功率受限。

表 3-30 水泵继电器控制电路检测

测量位置 A	测量位置 B	物理量	标准值	说明
CA67/115	ER04/1 号脚	电阻	标准电阻：≤1Ω	异常：说明 ER04 控制信号电路存在故障 正常：下一步检查 CA67/83 至 ER04/5 号脚电阻
CA67/83	ER04/5 号脚			异常：说明该电路存在故障 正常：说明可能为 ER04 本身故障

工作手册 3.3 冷却异常故障

【任务描述】

如图 3-45 所示，踩下制动踏板，车辆能够上高压电且能够正常运行，车辆正常运行一段时间后，踩加速踏板车辆无法加速，同时仪表左侧限功率指示灯亮，而其他功能正常。作为一名新能源汽车维修技工，应能正确使用诊断仪、示波器、万用表等检测工具，依据维修手册及相关资料排除故障，并准确填写诊断报告，按照 7S 操作规范整理场地，经检验合格后，将诊断报告和钥匙交付前台。

图 3-45 仪表盘

一、任务目的

通过实践训练，学生应该能够借助维修手册，掌握车辆电控系统冷却异常故障分析、检测和诊断的方法；能够正确地使用诊断仪、示波器、万用表等检测工具，依据维修手册及相关资料实施故障检测、诊断，并准确填写诊断报告；按照 7S 操作规范整理场地。

二、技能要求

1. 能够正确地使用诊断仪、示波器、绝缘测试仪等检测仪器。
2. 能够按照操作规范正确地实施下高压电、防止重新接通等。
3. 能够正确查阅维修资料、识读和分析电路原理图。

4. 能够依据故障现象、故障码等分析故障形成机理。

5. 能够依据职业操作规范要求，正确进行 7S 管理和操作。

三、安全事项

1. 确保学生完全在教师的指导下，在授权的范围内进行操作。
2. 禁止在不穿戴安全防护用品的情况下，接触任何车辆的高压电部件。
3. 学生应充分了解其职责范围，绝不擅自对高压电部件进行任何拆装调整。
4. 对高压电动车辆进行功能操作时，必须确保车辆与场地处于安全状态。
5. 高压电动车辆脱离教师监控时必须全车落锁，驶离举升工位并由教师妥善保管钥匙。
6. 在任何时候都应注意自身的人身安全防护。
7. 车辆不可举升过高，举升到需要高度时，要确认保险锁销到位。
8. 工作中及完成任务后，应遵守实训场地 7S 要求。

四、信息收集

学习任务单	冷却异常故障	班级：
		姓名：

1. 右图所示为吉利 EV450 的水泵（电机）控制电路，在正常工作情况下，CA67/115 端的标准电压为_____V，CA67/101 输出的 PWM 控制信号的幅值是_____V，VCU 通过控制 PWM 脉冲的_____来调整电机转速。端子 CA67/83 的作用是_____。

2. 下图为吉利 EV450 高/低速风扇控制电路，该控制电路通过_____实现风扇 1 和风扇 2 的低速旋转。端子 CA66/10、CA66/11 的作用是_____。

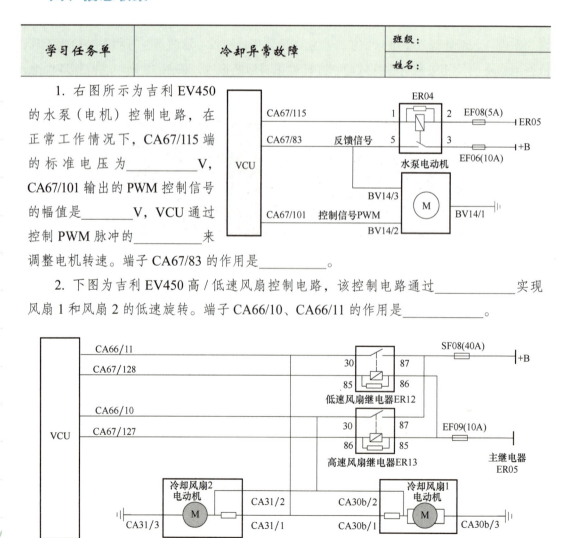

（续）

3. 在车辆运行在放电模式下，当蓄电池温度低于_____℃时开启加热，高于_____℃时加热关闭。

4. 吉利EV系列配有充电预热方案。慢充电模式下，当蓄电池温度低于_____℃时加热开启，高于_____℃时加热关闭。快充电模式下，当蓄电池温度低于_____℃时加热开启，高于_____℃时加热关闭。

5. 吉利EV系列电动汽车的充电过程散热管理中，慢充模式下蓄电池温度高于_____℃时冷却模式开启，低于_____℃时冷却模式关闭。快充模式下蓄电池温度高于_____℃时冷却模式开启，低于_____℃时冷却模式关闭。

五、制订计划

1. 作业计划		
序号	作业项目	操作要点

2. 设备清单			
序号	设备名称	规格型号	数量

计划审核	审核意见： 年　月　日　签字：

六、任务实施

工作任务单	冷却异常故障	班级：
		姓名：

1. 车辆信息记录

品牌		整车型号		生产日期	
电机型号		动力蓄电池容量		行驶里程	
车辆识别代号					

2. 车辆基本检查

检查项目	检查情况	
辅助蓄电池电压		异常□ 正常□
高压部件安装及插接器连接情况		异常□ 正常□
膨胀水箱液位		异常□ 正常□

3. 故障现象判定

诊断项目	诊断内容
确认故障现象	

4. 读取与本故障相关的主要故障码

诊断项目	诊断内容
相关故障码描述	

5. 记录与本故障相关的主要数据流

诊断项目	诊断内容
相关数据流描述	

6. 分析故障范围

诊断项目	诊断内容
故障范围描述	

7. 故障诊断过程记录

步骤	诊断对象及检测项目	测量结果分析

(续)

7. 故障诊断过程记录

步骤	诊断对象及检测项目	测量结果分析

8. 故障诊断结论

确认故障点	
故障机理分析	
提出维修建议	

七、职业素养

冷却异常故障		实习日期:			
姓名:	班级:	学号:		教师签名:	
自评：□熟练　□不熟练	互评：□熟练　□不熟练	师评：□合格　□不合格			
日期:	日期:	日期:			

冷却异常故障【评分细则】

序号	评分项	得分条件	分值	评分要求	自评	互评	师评
1	安全/7S/态度	□1. 能进行工位 7S 操作 □2. 能进行设备和工具安全检查 □3. 能进行车辆安全防护操作 □4. 能进行人员高压安全防护操作 □5. 能进行三不落地操作	15	未完成1项扣3分	□熟练 □不熟练	□熟练 □不熟练	□合格 □不合格
2	专业技术能力	□1. 能正确地检查车辆基本状态 □2. 能正确地检查冷却系统异常故障现象 □3. 能正确地读取故障码及数据流信息 □4. 能正确地分析故障原因 □5. 能正确地制订检测流程 □6. 能正确地使用检测设备执行检测 □7. 能正确地找到故障点 □8. 能正确地分析故障机理 □9. 能提出合理的维修建议	50	未完成1项扣5分	□熟练 □不熟练	□熟练 □不熟练	□合格 □不合格

(续)

序号	评分项	得分条件	分值	评分要求	自评	互评	师评
3	工具及设备使用能力	□ 1. 能正确地使用维修工具 □ 2. 能正确地使用充电装置 □ 3. 能正确地使用万用表、诊断仪、示波器等诊断设备	10	未完成1项扣3分	□熟练 □不熟练	□熟练 □不熟练	□合格 □不合格
4	资料、信息查询能力	□ 1. 能正确地查询车辆信息 □ 2. 能正确地使用维修手册查询资料 □ 3. 能正确地记录查询资料章节及页码 □ 4. 能正确地记录检查状态信息	10	未完成1项扣3分	□熟练 □不熟练	□熟练 □不熟练	□合格 □不合格
5	数据判断和分析能力	□ 1. 能判断车辆冷却异常故障仪表状态 □ 2. 能判断仪表指示灯状态 □ 3. 能判断故障码 □ 4. 能判断数据流 □ 5. 能分析诊断仪器检测结果	10	未完成1项扣2分	□熟练 □不熟练	□熟练 □不熟练	□合格 □不合格
6	表单填写报告的撰写能力	□ 1. 字迹清晰 □ 2. 语句通顺 □ 3. 无错别字 □ 4. 无涂改 □ 5. 无抄袭	5	未完成1项扣1分	□熟练 □不熟练	□熟练 □不熟练	□合格 □不合格
总分：							

八、实训总结

自我反思	
自我评价	

附录

吉利帝豪 EV450 仪表指示灯信息

序号	名称	符号	颜色
1	远光指示灯		蓝色
2	日间行车指示灯		绿色
3	电子制动力分配故障指示灯	EBD	橙色
4	动力蓄电池充电指示灯		橙色
5	驾驶人安全带未系报警指示灯		红色
6	系统故障指示灯		红色
7	左转向指示灯		绿色
8	巡航指示灯		绿色
9	充电连接指示灯		红色

177

（续）

序号	名称	符号	颜色
10	运行准备就绪指示灯	READY	绿色
11	模式指示灯	ECO+	白色
12	右转向指示灯	➡	绿色
13	电机及控制器过热指示灯		红色
14	功率限制指示灯		橙色
15	减速器故障指示灯		红色
16	制动系统故障指示灯		红色
17	驻车制动指示灯	(P)	红色
18	电子稳定控制系统（ESP）故障指示灯		橙色
19	后雾指示灯		橙色
20	电动助力转向系统故障指示灯	EPS	橙色
21	蓄电池充、放电状态指示灯		红色
22	动力蓄电池电量指示条	—	—
23	胎压监测系统故障指示灯	TPMS	橙色
24	胎压异常指示灯		橙色
25	动力蓄电池断开指示灯		橙色
26	动力蓄电池故障指示灯		红色
27	ABS 故障指示灯		橙色
28	驻车系统故障指示灯		橙色
29	安全气囊故障指示灯		红色
30	电子稳定控制系统（ESP）关闭指示灯		橙色

参考文献

[1] 张利,缑庆伟.新能源汽车驱动电机与控制技术[M].北京:人民交通出版社股份有限公司,2018.

[2] 何忆斌,侯志华.新能源汽车驱动电机与控制技术[M].北京:机械工业出版社,2018.

[3] 赵振宁.新能源汽车技术概述[M].北京:北京理工大学出版社,2016.

[4] 张之超,邹德伟.新能源汽车驱动电机与控制技术[M].北京:北京理工大学出版社,2016.

[5] 吴兴敏,崔辉.电动汽车结构原理与检修[M].北京:化学工业出版社,2017.

[6] 徐国凯,赵秀春,苏航.电动汽车的驱动与控制[M].北京:电子工业出版社,2010.

[7] 约瑟夫·贝雷塔.电动汽车及其驱动技术[M].赵克刚,译.北京:机械工业出版社,2015.

[8] HUSAIN I.纯电动及混合动力汽车设计基础:原书第2版[M].林程,译.北京:机械工业出版社,2012.